Calimero isst noch mehr!

Nicole Diercks

Calimero isst noch mehr!

Der zweite Teil

Bibliografische Information der Deutschen Nationalbibliothek:
Die Deutsche Nationalbibliothek verzeichnet diese Publikation in der
Deutschen Nationalbibliografie;
detaillierte bibliografische Daten sind im Internet über
http://dnb.d-nb.de abrufbar.

© 2015 Nicole Diercks
Satz, Umschlaggestaltung, Herstellung und Verlag: BoD- Books on
Demand
ISBN: 978-3-7347-8605-1

Inhalt

Mottenfraß	9
Irrenhaus	13
Wolfsblut	17
Muhamed Mopsi	22
Schwefelwurm	24
Adoption wider Willen	27
Verwesender Kakadu	30
Nix machen	34
Packo	37
In Love with Dogbert	40
Bonni	43
Verwicklungen	47
Angelo	50
Fahrbare Freunde	55
Rocco	58
Uschi	61
Cowboy Henry	63
Kündigung bei den Fahrbaren Freunden	67

Päsä 69

Geraspelte Nerven 71

Charisma 75

Weckdienst 77

Älläfantt 79

Lesehunde 81

Miez und Mops 87

Biafra 90

Strebär 93

Flunder 95

Flunder de luxe 97

Meisen-Crunchie 100

Hamm-Hamm-Technik 102

Fusselfresser 104

Klassenfahrt 107

Namenssalat 109

Doppel-Mops 111

Piek, du bist's …! 116

Pi-Man 118

City-Mops 121

Kau-Staubsauger 128

Dreckbomben 130

Feuchte Flips und Axel Foley 133

Mon Chérie 135

Bonanzpi 138

Kacktüten-Streber 140

Steckerlfisch 146

Verfolgungswahn 150

Bandscheibe 153

Salatschnecke in XXL 156

Igel des Grauens 159

Heute auf der Karte: Mops, paniert 162

Kinderwagen-Flip 166

Das muss er abkönnen 170

Schlickbombe 173

Gepinschertes 176

Verliebt, verlobt, verstunken 179

Löwenmäulchen 183

Franz und Sissi 186

Hautevolee 189

Bockiger Silberrücken   193

Miezivitäten   198

Wolfstag!   204

Mottenfraß

Weil ich ja jetzt immer ganz lässig die rechte Vorderpfote anlehnen musste beim Beinchenheben, konnte es leider schon auch mal zu kleinen, peinlichen Stil-Unfällen kommen. Da war zum Beispiel neulich dann der letzte große Schneehaufen. Ich bestieg ihn selbstsicher halb, wusste auch sofort Bescheid, welches Bein wohin musste, stützte mich dann gemütlich links ab und verschwand fast sofort seitlich von der Bildfläche. Peinlicherweise ins Innere des fluffigen Haufens. »Tja, Lässigkeit hat immer auch ihren Preis!«, sagte Mami schadenfroh. Da war natürlich dann erst mal eine Runde Doofgucken für alle dran. Mami grinste feist: »Normalerweise nimmst du doch immer die Tüte Doofgucken für 'nen Euro …? Da haben sie dir aber diesmal großzügig eingepackt, sag mal, wirklich sehr großzügig!« Haha.

Jetzt war es amtlich: Da stimmte was nicht mit Calimero …! Gut, das wusste Calimero ja schon immer und Mama seit dem Taschen-Flip – spätestens. Aber es war wegen meinem Fellchen, nicht wegen meinen sonstigen Auftritten. Wahrscheinlich war Calimero ein Locher! Hatte ich vielleicht zu viel Tagesfreizeit, fragte Mami, und machte mir jetzt schon aus lauter Langeweile lauter Löcher ins Fell!? Rechts der helle Schatten neben der putzigen rosa-braunen Rosette war leider doch keine Illusion! Das war ganz klar ein Loch im Kleid und rechts in der Flanke war auch plötzlich ein Krater, aber nicht nur kahl, sondern ein richtiges Loch, mit gar nichts drin und wie ein Markstück schon so groß. Das ganze Fellchen sah schlimm aus mittlerweile, ganz matt und strohig, richtig stumpf. Es fing ja mit dem lichten ›L‹ über dem Auge an, aber das wurde jetzt schnell schlimmer und war auch schon unter dem rechten Arm und sogar an der Achsel … Plötzlich waren dann richtige Mottenlöcher vorne auf dem rechten Beinchen, und das sah alles wirklich nicht mehr so toll aus!

Mama hatte schon mit meiner Züchterin telefoniert und die sagte schon, eine Standleitung wäre gut gewesen bei meiner Geburt … Was konnte *ich* denn dafür?! Klassische Montagsware eben! Die Züchterin war ratlos: »Plötzliche, fast kreisrunde Löcher im Fell, mit öligen Schuppen drauf, ohne Juckreiz … Das riecht für mich nach den Demodex-Milben! Die gehören ja zur residualen Hautflora der Möpse, aber wenn das Immunsystem dann einen Schuss hat, kippt das Gleichgewicht ganz schnell zugunsten der Milben und die vermehren sich dann sofort katastrophal!« Die fräßen dann in ihrer Überbevölkerung nämlich nicht mehr nur den überschüssigen Hauttalg weg, sagte die Züchterin, sondern nagten dann auch, schon aus reinem Nahrungsmangel, an den Haarbälgen herum. Da fiel dann das Haar natürlich ab, weil es keinen Halt mehr hatte. Und der angefressene Rest wurde dann nicht mehr richtig ernährt und war daher staubig-stumpf … »So ist das auch bei ihm!«, sagte Mami unglücklich. »Bis vor kurzem hatte er so schön geglänzt, wie ein neues Klavier! Und jetzt glänzt er nur noch wie ein abblätterndes, altes Scheunentor!« Die Züchterin beruhigte sie: »Das kriegt man alles in den Griff, aber man muss jetzt sehr schnell reagieren! Ich schicke Ihnen ein Shampoo gegen die Milben und alles, was sich auf den Milbenfraß noch obendrauf setzt. Damit müssen Sie alle drei Tage mal den ganzen Mops bei 30 Grad kurz durchwaschen! Wenn es nach zwei Wochen nicht deutlich besser wird, dann zum Hautarzt! Lichte Stellen, ohne Schuppen, ohne Rötung und ohne Juckreiz, das klingt für mich nämlich, als wäre das schon wieder ein ganz anderer Befund … Und weil alles rechts ist, vielleicht eine Kontaktallergie …?« Mama kriegte einen Schreck: Wir hatten doch *gerade erst* das neue Nest gekauft und nicht gewaschen, weil ich ja gleich eingezogen war. Und am liebsten hing ich da tatsächlich immer auf der rechten Seite drin und ließ lässig das Ärmchen raushängen! »Färbemittel, Fussel und Co …?«, fragte Mami entsetzt und die Züchterin seufzte: »Kann das mal wieder alles sein, wenn Möpse anfangen sich zu lochen! Aber waschen tun Sie das mal trotzdem besser! Bei Allergien kann es ja sowieso immer alles sein!«, sagte die Züchterin seufzend. »Ein ganz blödes Thema ist das. Noch blöder als Durchfall! Und manchmal hängt auch noch beides zusammen!« Das beruhigte Mami nicht sehr: »Aber es kann dann ja auch das Sofa sein, die Katze, das Katzennest, der Pulli, das Cape, das Bett, der Teppich, meine Hautcreme, das Laminat, der Badvorleger, der Hocker – ich kann doch nicht die ganze Wohnung waschen?! Und dann ist er vielleicht auf das neue Waschmittel gerade allergisch?!« Die Züchterin seufzte und sagte: »Wir wollen es mal nicht hoffen! Fangen Sie mal klein an, dann sehen Sie schon …«

So wusch Mami also das Nest, die Hundeklamotten und alle Katzennester mal heiß durch. Und natürlich alle zwei Tage ihren löcherigen Hund. Erwähnte ich schon, dass ich wasserscheu bin?! Ich hasste die Wanne wahrscheinlich sogar noch etwas mehr als die Tasche, aber da war nun ein Ausbruch wirklich völlig unmöglich …! Sähe ich doch *so* zuckersüß unter all dem butterweichen Schaum aus, quiekte Mami ganz verliebt mich unglückliches Sahnetörtchen in der Wanne an … Naja, wenigstens einer hatte Spaß hier, die Milben jedenfalls auch nicht mehr.

Do-re-mi-fa-so-la-ti-doooo!

Irrenhaus

Das ganze Gewäsche meiner Mottenlöcher hatte leider nichts geholfen, die Motten siegten und jetzt sind wir beim Tierarzt gewesen. Nach großem Zirkus im Wartezimmer, wo ich wild herumschrie, dass *ich* dann jetzt da sei und *endlich* mal drankommen wollte hier … Wirklich so laut, bis einer aus der Praxis rauskam, um zu gucken, was da vorne eigentlich los war! Mama schämte sich schon wieder, doch ich machte ungebrochen weiter mit meinem Kakadu-Geschrei. Und dann konnte ich da *endlich* rein! Großes Tamtam und alle freuten sich. »Ja«, sagte der Arzt »ich sehe da deutlich drei angekahlte Stellen, aber was ist das?! Habe ich noch nie gesehen in der Art!« Ohne weitere Untersuchung, er sei ja ein Kurznasen-Spezialist und kenne sich daher super in solchen Hautgeschichten aus, würde er jetzt, für die genaue Untersuchung im Labor, mal eine Biopsie an mir durchführen! Da hat Mami dann allerdings gleich mal Streit angefangen! Sie sagte sofort: »Moment mal! Ist das tatsächlich für die Diagnose angebracht, unter lokaler Betäubung ein Stück Fleisch aus meinem Mops zu reißen und dann auch noch zwei Stiche zu legen, um diese Fleischwunde wieder zu schließen?! Was in aller Welt vermuten Sie denn, was so einen Eingriff *schon jetzt* rechtfertigen könnte?!« Der Tierarzt kriegte prompt die Weißkittel-Arroganz: »Ich vermute noch *gar nichts*, aber ich muss ja Material gewinnen, um überhaupt mal eine Vermutung *zu bekommen*!« Mami drückte mich löcherigen Unglückswurm fest an sich: »Von Sichtbefunden halten Sie wohl nicht viel?!« Die Weißkittel-Arroganz hatte schon die große Biopsie-Kanüle in der Hand: »Ich weiß, was ich tue! Ich stanze jetzt ein Stück Fleisch aus seiner Stirn! Geben Sie mir also jetzt den Hund!«

Mami steckte mich entschlossen unter die Jacke: »Gehen Sie sofort mit Ihrem Fleischerhaken weg! Hier wird nichts aus dem Gesicht von meinem Mops rausgestanzt! Ist Ihnen eigentlich überhaupt nicht klar, dass Ihr Eingriff ihn lebenslang optisch entstellen wird?! Eine Fleischwunde bei schwarzen Hunden *wächst immer nur weiß nach*, das sollten doch wohl selbst *Sie* wissen! Und dann zwei Stiche im Gesicht, *genau* über dem Auge, das wird man im Fellstrich lebenslang sehen! Und dann wegen *nichts Bestimmtem*, nur mal um zu gucken, was man da so findet, oder eben nicht?!« Der Tierarzt war ganz lässig, winkte ab und sagte: »Aber das ist doch alles völlig egal, Hauptsache, wir schicken das Loch mal ins Labor und wissen dann was, oder wissen dann eben nichts!« Da hatte er aber nicht mit Mama gerechnet, denn die plärrte jetzt nur noch: »Kommt *überhaupt* nicht in Frage!«

Der Weißkittel wurde jetzt deutlich verstimmt und begann laut zu diskutieren, *er* sei hier der Arzt und Mami habe *überhaupt keinen* Dunst und Blablabla …! Mami war aber immer noch einigermaßen freundlich, fand ich da unter der Jacke, denn *ich* hätte schon lange irgendwohin gepinkelt! Sie sagte: »Normalerweise legt man in solchen Fällen ein Hautgeschabsel an, das man unter dem Mikroskop betrachtet. Das dann aber nicht gleich am Kopf, immerhin haben wir ja weiß Gott genügend Auswahl! Und dass Sie wenigstens mal die Spaltlampe und die Lupe nähmen, vielleicht?!« Da kam plötzlich seine schon hysterisch kreischende Frau hereingestürzt, die musste also schon an der Tür gelauscht haben! Sie brüllte herum, Mami als Gast der Praxis würden irgendwelche Behandlungsvorschläge hier *überhaupt* nicht zustehen, das sei keine Quiz-Show und *sie* seien die Spezialisten hier, *gerade* für die Hautprobleme von Kurznasen! Und wenn *ihr Mann* sagte, er brauche jetzt ein großes Stück Fleisch aus dem Gesicht des Hundes, dann brauchte er das auch! Er wisse, was er tue, nach fast 40 Jahren! Und es sei *nicht an ihr* hier mit ihm zu diskutieren und sich wichtig zu machen! Und sowieso: Mami würde sie schon immer genervt haben, wirklich schon immer, weil sie *jedes Mal* alles besser wisse, sich hier ständig mächtig auf- spiele, sich in alles einmische, permanent dumme Frage stelle und dabei *überhaupt* keine Ahnung habe!

Mami ging daraufhin mit mir zur Tür, das war ganz gut, denn da unter der Jacke verfiel ich langsam in die Schnappatmung und *so* toll roch es da nun auch nicht ge- rade. Da fing dann die Tierärztin aber erst richtig an he- rumzukreischen! So von wegen: Man wisse jetzt nichts, aber danach wisse man ja was und dann wäre alles bes- ser! Und jetzt nähme Mami den armen, ach so kranken Mops ganz einfach wieder weg?! Und keiner wisse jetzt, was das da alles sei?! Der Weißkittel verlor nun leider auch noch die Fassung: »Genau! Vielleicht steckt er jetzt die ganze Wiese damit an?! Und alle Hunde in München verlieren dann ihre Haare?! Wollen Sie das etwa verant- worten?!« Auch Mami war jetzt sauer und sagte: »*Dann* haben Sie ja spätestens mal eine gute Gelegenheit, all den haarlosen Viechern mit der Reißzange etwas Fleisch aus dem Gesicht zu fetzen und das große Loch hinterher wieder für viel Geld zuzunähen! So macht Calimero doch noch viel Spaß für alle: für Postboten, für Labors und wer weiß, vielleicht auch für Ihre neue Datscha in Ungarn?!« Der Tierarzt schrie jetzt von wegen, was stimme nicht mit Mami und sie hätte wohl wahrscheinlich einen Geistesschaden, oder was?! Der plante wohl schon die nächste Biopsie, mit ganz feiner Nadel, weil er nur so wenig Masse vermutete: an Mamis Hirn …? Mami schnappte: »Für den Besuch im Irrenhaus zahle ich nichts!« Schlussvorhang. Gebremster Applaus. »Den nenne ich ab sofort nur noch **Doktor Dödel**!«, sagte sie stinkig draußen und setzte mich japsendes Bündel ab.

Meine Züchterin japste auch nur, als sie die Horrorgeschichte hörte, und bestätigte Mami, das sei *auf keinen Fall* auch nur im Entferntesten lege artis gewesen! Und das mache *wirklich* auch kein normaler Arzt so – und ein sogenannter Hautarzt schon gar nicht! Und warum er nicht vorgeschlagen habe, das vorsichtig neben der Rosette zu machen, warum *genau über dem Auge*?! Mami war immer noch sauer: »Die sind alle beide total verrückt da! Gut, dass ich mich ein bisschen auskenne und mitdenke!« Die Züchterin sagte: »Ich bin stolz auf Sie! Naja, jetzt kann es dann ja wohl nur noch besser werden …!«

Wolfsblut

Dann fand Mami einen Tierarzt mit einem Hautarzt, speziell für Kurznasen … einen echten Spezialisten diesmal sogar. Ewig fahren, aber egal, Hauptsache, keiner riss Fleisch aus dem süßen Gesichten von ihrem Calimero raus! Die haben da die Augenbrauen gehoben, als sie die Geschichte vom Rausstanzen hörten. Die ganze Praxis kam nacheinander ins Behandlungszimmer rein, weil sich so schnell rumgesprochen hatte, dass hier ein kleiner, gelochter Herzensbrecher unterwegs war! Die waren sehr gründlich, nahmen sich viel Zeit, mit Spaltlampe und Lupe, nahmen die Schuppen mit zum Mikroskop und kuschelten immer abwechselnd mit mir. Dann machten sie das Geschabsel von meinem Vorderbeinchen, es ginge wirklich nicht anders, als etwas Haut mit ganz wenig Fleisch abzuschaben, weil man sonst keinen Befund bekäme. »Wird wohl auch ein paar weiße Haare kriegen …«, sagten sie, aber sie würden das immer ganz vorsichtig ansetzen. Ich wurde da geeist, guckte ganz interessiert zu, bekam Leckerlis und schon war alles wieder vorbei. Die Hautärztin sagte: »Das ist ein klassischer Demodex-Hautschaden, aber der Befall ist nur marginal. Ich habe im Geschabsel nur sechs Milben gefunden, das ist genau noch die Untergrenze. Nun kann es natürlich sein, dass die ganzen Dinger zufällig heute feixend rechts saßen, und ich habe ausgerechnet links geschabt, aber ich glaube nicht!« Dieser schwache Befund rechtfertige noch nicht mal die Gabe von Tabletten, denn diese hätten schwere Nebenwirkungen manchmal, und vorher wüsste man nie. »Außerdem können wir immer noch stärkere Geschütze auffahren, wenn es nicht hilft! Sie bekommen jetzt eine Schwefel-Tinktur, die tun sie da zweimal täglich drauf. Möglichst draußen oder kurz vor dem Rausgehen … Es stinkt nämlich wie Satanskacke und färbt schlimmer ab als Stempelfarbe!«, sagte die Hautärztin und kuschelte mich zärtlich. »Das passt ja dann«, sagte Mami und kuschelte mich auch. »Er ist ja auch als Höllenwürmchen bekannt. Dann benimmt er sich nicht nur so, sondern riecht auch gleich passend …!«

Die Tierärztin ermittelte, dass es sich tatsächlich um zwei unterschiedliche Hautbefunde handelte. Die schuppigen, kahlen, scharf umschriebenen, rötlichen Löcher für die Demodex-Milben und die lichten und diffus umschriebenen Stellen für eine Allergie! Dazu passten auch gut die Stellen: über dem Auge und unter dem Arm. Und auch dazu passe sowohl meine Phase als Junior, die damit verbundene Futterumstellung und sogar die ganzen Durchfälle mit den Kampfgasen. Das schien nämlich eine Futtermittel-Unverträglichkeit zu sein! Ob es eine echte Allergie würde, könne man noch nicht sagen, aber es sei ganz sicher keine Kontaktreaktion …! Mami war erleichtert. Endlich mal eine Ansage, mit der man arbeiten konnte!

Wenn sie da nur an den einen Abend beim Griechen dachte, da wurde sie schon ganz bleich. Ich lag unter dem runden Tisch und durchschnittlich alle zwölf Minuten wichen am rechten oder linken Flügel alle Teilnehmer ächzend zurück und simulierten einen Reizhusten. Das war wegen dem Kampfgas, das jeweils nach dem lautlosen Entweichen unter dem Tisch eine Glocke bildete und dann unter der Kante langsam nach oben hochstieg. Tja. Nach der vierten Attacke beugte Chris sich schließlich wortlos vor und pustete die Kerze aus. »Wegen der Explosionsgefahr!«, sagte sie röchelnd. Mama kalauerte damals nur matt: »Der Dorsch, das ist ein super Fisch, solange er im Hund drin ist. Denn ist er erst mal draußen, gibt's viel Gehüstel außen.« Das sollte also auch demnächst der Vergangenheit angehören …

Mami bekam viel Lesestoff mit, über die Milben, über die Tabletten, über Diät bei Allergien und allgemein über eine gute Ernährung für Hunde. Sie rieten Mami zum Kauf eines Trockenfutters, das hieß »Wolfsblut« und bestünde nur aus Lachs und Kartoffeln. Die Hunde mögen das gerne und es sei sehr positive Beeinflussung zu erwarten, wenn sich das ganze System mal komplett beruhigen könne. Mami bekam jetzt endlich einen Eindruck davon, was die Züchterin *eigentlich* immer mit ihren Warnungen wie: »Zu viel des Guten macht leider dann Schlechtes!«, gemeint hatte. »Da habe ich sicherlich auch kräftig mitgemischt …«, jammerte sie leise. »Ich habe seinen kleinen Verdauungstrakt garantiert total überfordert mit meiner ganzen gut gemeinten Futter-Palette!« Die Tierärztin beruhigte sie: »Was passieren soll, das passiert so oder so!« Die Tierärztin beruhigte Mami noch mal und gab mir einen fetten Kuss auf die haarlose Stirn: »Das ist sogar auch typisch für den ersten Fellwechsel. Außerdem wird es schon richtig heiß – da hängt jetzt in dem Hund totes Welpen-Winterfell im angeknabberten Junior-Fell drin! Da sehen dann viele Erstpubertierende plötzlich mal eine Zeitlang etwas räudig aus! Kaufen Sie aber eine Spezialbürste namens ›Furminator‹, denn nur mit der holen Sie ganz entspannt das tote Unterfell aus ihm raus … Übrigens auch bei Langhaarkatzen ideal! Jetzt wirklich ein Vierteljahr lang nichts anderes als Wolfsblut und auch später: nicht mehr so viel durcheinander geben, gell …!« Ja, gell.

Die Züchterin war dann ja wohl *so was* von total begeistert von dieser Tierärztin! Sie freute sich, dass ihre Ferndiagnose gestimmt hatte. Sie hatte auch noch weiter nachgedacht: »Das ist *ganz bestimmt* sogar eine Futtermittelallergie! Auch dass sich alles auf einer Seite aufhält, ist typisch! Probieren Sie Folgendes aus: nur immer *ein* Eiweiß und *ein* Kohlenhydrat pro Mahlzeit! Möglichst auch nicht wechseln und am besten gar nichts mehr anderes als diese beiden Teile füttern …! Meine Landeier hier haben ja nichts dergleichen, aber in der Stadt, mit dem ganzen Feinstaub und dem Smog, da scheinen einige zu leiden! Die kurze Nase filtert ja nichts weg, das sitzt immer gleich alles in der Lunge drin! Das möchte ich *Ihnen* jetzt aber gar nicht vorzuschlagen gewagt haben … plötzlich nur noch *ein Futter*?! Und dann auch noch ausgerechnet ein *Trockenfutter*?!?! Und *er* kaute dann wieder nicht und spuckte und röchelte nur die ganze Zeit …???« Jetzt lachten Mami und die Züchterin laut und lange miteinander darüber.

»Hab's kapiert!«, rief Mami und die Züchterin sagte: »Auch die Durchfälle sollten sich damit jetzt schnell regulieren! Die sind oft ein Zeichen von Unverträglichkeit, Juniortum *und* zu viel Durcheinander!« Mami sagte wieder: »Ja, ja, Mutti hat es kapiert. Alles wird gut!«

Muhamed Mopsi

Voll peinlich – Mami heute Morgen, sie hat es wieder getan! Sie sang schon wieder, diesmal ABBA. Und alles nur, weil ich irgendwie nicht zum Schuss kam und nur blöde rumtat. »Ohhhh, wring! Wring! Warum nur, machst du keinen Strahl …?! Ohhh, wring! Wring! Nun schau doch mal bloß diesen Pfahl! Wring! Wring! Nun mache doch endlich den Strull! Ohhhh, wring! Wring! Ist denn der Pfahl schon zu vull?!« Wegsperren. Mehr sag ich dazu nicht: einfach wegsperren!

Endlich mal wieder Molli …! Es hatte natürlich schon wieder geregnet, wie fast immer in letzter Zeit. Mami war sich sicher: Die Leute saßen alle abends im Keller und bauten heimlich an ihrer Arche! Aber uns war das ja wohl so was von egal! Wir sind eine ganze Stunde lang durch den Salat im hinteren Garten gefegt. Er versuchte sich zu rehabilitieren, aber es war vollkommen sinnlos gegen unser Bombardement anwachsen zu wollen. Wir hatten sogar hellsichtig erkannt: Da waren so ein paar Äste dabei, die konnte man gar nicht einfach umrennen, denn die standen immer von alleine dann wieder auf! Also musste da mal wieder der kleine Marder Nagfried ran und Nagfried machte heute vor gar nichts Halt! Molli, schlaues Mädchen, auch genannt ›Die Hummel‹, weil: ist schnell und hat einen dicken Hintern … *flog* fast schon in der Kurve heute! Und eine satte Bauchlandung von der Hummel mitten im Salat hat dann auch sofort geholfen: Alles war wieder platt, endlich!

Dann kam Mamis Kumpel Alex und den mag ich auch: Aaatttaaackeee!!! Den habe ich sofort sauber angefressen! Und dann hat er mit mir auf dem Sofa gekämpft. Man nannte mich nicht umsonst Muhamed Mopsi, den kleinsten Boxer der Welt! Und Muhamed gab Alex dann Laffka …! Als Erstes flog mal die Mütze nach hinten vom Kopf, dann kam Muhamed blitzschnell frontal, völlig ohne Deckung durchgebrochen, und rechts, und links, und mal wieder voll eins auf die Lippe … Touchdown! Alex musste in die Ecke, verarztet werden. Hatte Hand vor dem Mund, lachte sich halb schief und hielt Muhamed, die Tarantel, mit der anderen Hand mühsam von sich weg. Aber ich war jetzt leider in der Piranha-Stimmung: *schnapp!schnapp!!schnapp!!!* Aber Gott sei Dank lachte er ja noch, trotz Blut an der Lippe. Tja, Fight Club ist nun mal keine Kuschelgruppe! Dann ging Alex mit Muhamed und dem Furminator auf den Balkon und enthaarte Cassius Calimero Clay … Irgendwann rief er dann verzweifelt: »Wenn das hier so weitergeht, ist der Hund gleich original splitternackt!« Mami winkte völlig unaufgeregt ab, sie kannte das ja nun schon: »Mach einfach nur weiter! Das ist alles nur totes Fell!« »Dir geb ich gleich totes Fell!«, dachte Cassius Calimero Clay grimmig und ging mal wieder übergangslos in die Attacke: und rechts *boing* und kämm und links *platsch* und bürst und frontal durchbrech *knall* und striegel und entfussel *kämpf* … UFF!!! Wer von uns war hinterher eigentlich platter neben dem riesigen Haufen struppigem, gelbgeflecktem, schwefligem, totem Calimero-Ex-Fell …?

Schwefelwurm

So kam das also, dass ich täglich zweimal vor dem Gassi mit der knallgelben Stinketinktur eingetupft wurde. Das sah man dann deutlich auf dem schwarzen Fell und es stank wirklich bis dorthinaus: Der Hund aus der Hölle, endlich stimmte es mal …! Die Miezekatzen und viele Hunde machten jetzt sofort einen angeekelten Bogen um mich stinkendes Schwefelwürmchen. Und weil ich ja so löcherig war, sah man es auch noch ziemlich deutlich auf der Haut. Einige Leute zerrten ihre Hunde schnell weg, als sie mich gelb geflecktes, durchlöchertes Teil nahen sahen, vielleicht weil sie dachten, ich hätte was Ansteckendes …? Und ich kriegte wirklich nur noch das Trockenfutter! Mami war da so hart und zog das eiskalt durch! Hätte ich ja nun nie gedacht. Ich aß das allerdings sehr gerne, es war klein und ich konnte es kauen oder runterschlucken. Doch am liebsten biss ich überraschenderweise mit den neuen Zähnchen bei offenem Mund immer kräftig zweimal voll drauf! Ich hatte zum Essen so einen Futter-Ball mit Löchern drin bekommen und wenn ich mit dem spielte, fielen die Brocken unterwegs immerzu raus. Ich trieb ihn schon schnell höchst professionell beidpfotig wie Mopsenigge quer in der ganzen Wohnung herum. Das war toll und ganz schlechte Erziehung für schlecht erzogene Hunde: Erst das Essen selber jagen und dann auch noch dafür mit Futter belohnt werden! Mit mir konnte man es allerdings machen, ich war ja ein Butterlämmchen: gelb und mit Löchern drin.

Es war übrigens nicht alles fettfrei, was nicht glänzte,

das hatte selbst ich dann jetzt mitgelernt. Man stecke, bei allem Lob auf diese Erfindung, dieses Futter besser trotzdem *nicht* einfach in die Hosentaschen! ›Rei in der Tube‹, mehr sag ich nicht … Und Mami konnte Flüche, da staunte ich dann ja nur noch! Mama meinte, das Fellchen wirke insgesamt schon irgendwie stabiler auf sie, die ganze Therapie schlüge sehr gut an, zumal ich jetzt immer wohldefinierte Briketts formulierte und auch nicht mehr räucherte, ä-hü.

Jedes Mal an der gleichen Ecke morgens kriegte Mami einen Temperamentsausbruch. Es war – weil – naja, sie musste umgreifen, die Leine von links nach rechts und ich, obwohl ich das ja nun alles ganz genau kannte, verlor irgendwie immer den Faden an dieser Ecke. Normalerweise kann ich wunderbar fehlerfrei abbiegen, aber da irgendwie nie! Mami plärrte genervt: »Er kommt und kommt nicht rum mit der Kiste, verläuft sich voll beim Abbiegen, steht jedes Mal dämlich und quer an der Kurve rum und ist vollkommen verwirrt!« Dann geht das Gezerre los, alles verheddert sich und … Mami denkt dann immer genervt, gleich riefe der kleine Brad Pitt der Möpse: »Text! Text! Ich hänge, wie eine Weihnachtskugel! Und könnte mir noch mal einer fix die Stirn abpudern? Ich glaub, ich glänz wie Schwarte!« Ich wusste ja auch nicht, warum mir das da jeden Morgen aufs Neue passierte, aber es war einfach so. »Trixi hängt an genau der Ecke auch immer wie 'ne Glocke und schreit nach Text!«, klagte unsere Nachbarin neulich lachend über ihren Westi. Mama kalauerte schon wieder: »Der Trixi-ismus auf dem Trixi-Meter beträgt heute wieder mal: maximale Trixizität!« Das musste dann aber wirklich an der Ecke da liegen. Vielleicht verhext – ein Vergessenszauber vielleicht?

Adoption wider Willen

Sara und Mama hatten wohl unter den Mecker-Pilzen in der Wiese was miteinander ausgeheckt! Ich sollte mal wieder lernen, woanders zu sein, ohne Mama. Zuerst waren wir nur auf der Hundewiese, dann wurden wir ins Auto gestopft und ich bin zum ersten Mal ganz alleine da reingehüpft! Mama kämpfte mit Schirmen, Mollis, Taschen, Regen und Sara schrie wie verrückt herum: »Guuck! Guuck! Guuuck!! Ö iesst ganz allain eingästiegähn …!« Mama total begeistert: »Spek-ta-ku-lär, dieses Ö immer …« Und dann?! Mama brachte meine Tasche ins Auto und dann war Mama plötzlich weg, einfach so weg, und wir fuhren alleine los! Ich bin dann mal unter Molli rausgekrochen und auf Sara raufgekrabbelt, auch wenn das verboten war. Ich war mal *so was* sauer! »Na, gut!«, hab ich gedacht, »Dann ist *das* jetzt eben meine Mama, ich geh nie mehr weg von der, nicht dass mir das noch mal passiert! Lasst *mich* ans Steuer, ich fahr uns nach Hause, mir reichts schon wieder!« War dann aber nichts. Die Tiefgarage hatte mich total gegruselt: »Nein! Ich geh nirgendwohin! Ich finde alles scheiße hier! Ich will nur noch nach Hause!«, schrie ich auf Kakadu wütend, original wie am Spieß! Molli kam dann und schob mich von hinten etwas an: »Alles ganz easy!«, zwinkerte sie mir zu. »Ich hab mich früher auch gegruselt, aber das ist wirklich nicht schlimm! Es stinkt nur und hat so einen komischen Hall … Komm doch mit, ich hab Lammkauschuh oben!« »Naaa guuut …«, dachte ich widerstrebend »Für müffelnden Lammkauschuh konnte man schon mal gut kurz mit seinen Prinzipien brechen. Aber nicht, dass es hier zur Gewohnheit wurde! Nun kam auch noch das glatte, glänzende Treppenhaus: Ohne mich, *gar* keine Chance! Molli guckte lieb und winkte mir: »Komm mit! Denk an den Lammkauschuh!« Molli schob mich in den Fahrstuhl rein, erzählte Sara später. Aber auch nur, weil Molli gesagt hatte: »Ich habe sogar noch den Rest von einer gebrauchten Straußensehne!« *Das* Angebot überzeugte mich dann restlos, denn so ganz alleine im schrecklichen kalten, glatten, hallenden Treppenhaus wollte ich ja nun auch nicht sitzen bleiben! Wir spielten sofort wie verrückt drinnen und draußen, wetzten wie begast auf der Terrasse herum und dann gab es Fressi! Sara machte Molli-Suppe und ich kriegte auch eine große Schüssel ab: *schlabber*schlabber*!

Dann kam irgendwann eine Frau, die Sara ›deine Mama‹ nannte. Kannte ich nicht, interessierte mich auch überhaupt nicht mehr! Ich hatte noch den Rest vom Lammkauschuh unter Molli wiedergefunden und machte den statt einer Begrüßung fertig. Molli wollte den plötzlich auch, also: Molli kriegte voll aufs Hirn! Ich lag quer wie ein dünner, langer, schwarzer Spaghetti mit Webfehlern voll in ihrem Spielzeug drin, fraß an ihrem Kauschuh und haute ihr immer voll auf die Nase, wenn sie näher kam. Nur gerecht! Und nebenbei dachte ich sauer: »*Sara* ist jetzt meine neue Mama. Mama Sara hatte mich hergebracht! Sara hatte mir Futter gegeben! Also war ich jetzt *ihr* Calimero!« Ich saß nur auf Mama Sara und rannte ihr immerzu quiekend nach, wenn ich sie nicht mehr sehen konnte. Ich dachte: »Frau, du kannst jetzt wieder weggehen!« Das tat sie aber nicht, sondern sie nahm mich vollgefressenes Würmchen mit Lammkauschuh-Mundgeruch auch noch mit sich! Ich kann es euch ja sagen: Ich war *so was* von überhaupt nicht begeistert! Ich schrie daher im Treppenhaus herum wie verrückt, konnten ruhig alle wissen! Meine Möpse, das hallte aber mal kräftig, ein wirklich schönes Echo vom Kakadu! Aber an der nächsten Straßenecke hatte ich dann irgendwie schon wieder alles vergessen. Dass ich sauer war, dass ich Mama gekündigt hatte, dass ich umgezogen war, dass ich jetzt nur noch Ö hieß … Das Leben ist schnell.

Der kleine Mops - jetzt auch ON ICE

Verwesender Kakadu

Mama fuhr mich wieder zu Molli und ich war fast drei Stunden da und tobte und spielte und konnte Lammkauschuh kauen und Molli-Suppe essen … Alles war wieder so großartig! Dann kam Mama, aber ich wollte nur spielen! Aber diesmal machte ich kein Theater, wenn Sara aus der Sicht ging, ich kannte mich ja mittlerweile aus in dem Geschäft hier.

Dann waren wir alle zusammen draußen und danach in Saras Auto: Das gute alte Kakadu-Theater ging prompt wieder los! El Diabolo machte sein volles Programm: Ich wollte unbedingt auf Sara draufsitzen und selber Auto fahren! Mami war schwer genervt und extrem misstrauisch: »Du, hör mal, ich hatte dich doch gebeten ihn *nicht* auf dem Schoß zu halten beim Autofahren! Du hast das ignoriert, stimmt's …?!« Sara antwortete nicht direkt, sondern eierte herum, so von wegen: »Ö hättä so viel Häckmäck gemacht! Und hattä iech Ö iemmärzu weggeschobän, abär gink dass niecht! Sprank Ö iemmär wiedär drauff! Und wegän autofahrän konntä iech Ö niecht iemmerzu wegschiebän! Und musstä iech ja auch abbiegän …!« Mamas Laune war mies, denn wenn sie sich jetzt ansah, was da beim dritten Mal im Auto los war, musste also eine neue katastrophale Sara-Programmierung gelaufen sein: Calimero saß unbescholten beim Autofahren auf dem Fahrer, weil »gink Ö ja niecht runtär da«! Mami sagte: »Du machst dir Spaß mit meinem Mops und die Probleme daraus nehme dann *ich* wochenlang mit nach Hause!« Sara machte einen engen Mund und sagte gar nichts mehr. »Immär alläs wie gehabt!«, sagte Mami sauer. »Iesst dass mal sowiesoo ägal, wass iech sagä!« Sara guckte komisch.

Dann ein Stopp bei einer neuen Hundewiese und ich lief einfach immer hinter Molli her, die kannte sich ja hier aus! Und Mami lief immer hinter mir her, weil sie sich nicht sicher war, was Ö plante, oder sie kannte sich *nicht* aus hier …

Was soll ich sagen: Molli musste dann wohl irgendwie durch einen dicken Haufen mit Fischmehlfüllung gelaufen sein … Weil: *ich* war die ganze Zeit hinter *Molli* und *Mama* war immer hinter *mir* hergelaufen! Mama ächzte nämlich im Auto: »Irgendwas stinkt hier ganz gruselig! Ich muss gleich spucken! Was *ist* das?!« Sara hustete schockiert und machte alle Fenster auf. Beim Aussteigen war dann klar, dass nicht *was* war, sondern dass *wer* war: nämlich sie selber! Ein Stinker erster Güte: Alles im Fußraum war voll mit frischer, klebriger Schmier-Kacke! Auto, Nest, Teppich, Molli, Tasche, Schuh außen, Calimero überall, … Sara quiekte die ganze Zeit jammernd: »Meinä Hant riecht nach därr Kackä, Moolliiee muss auch schon voll da drien gelegän habän! Riech maal!« Mama stöhnte: »Nein danke, ich hatte schon davon!« Mama hatte trotzdem den Verdacht, dass die Kacke aus der Hölle vielleicht *doch* vorher in El Diabolo drin gewesen war. Denn der hatte auf der Wiese gar nichts geliefert. Und dann war da die wilde Prügelei im Fußraum des Autos. Da hatte ein gewisser, illegal in den Wolfsblut-Kreislauf eingeschobener, Lammkauschuh vielleicht dann aus Versehen unerkannt den Notausgang genommen? Kacke stank irgendwie nämlich verdächtig bekannt: nach Lammkauschuh-Füllung …! Untersuchung ergab dann: großes Rätsel! *Unter* dem Mama-Schuh als Transportmittel war nämlich erstaunlicherweise gar nichts davon. Mama hat dann nix gesagt … Ich sagte auch nix.

Wir gingen auf eine Freiluft-Haushaltsmesse, großer Fehler, es war der letzte Sonntagnachmittag und es war die Sonne rausgekommen! El Diabolo, der stinkende Schrecken der Straße, machte dann so ein Mordstheater in der verdammten Welpentasche wie noch nie! Ich schaute aus der Tasche heraus und schrie dabei wie am Spieß: ungelogen fünfzehn Minuten lang am Stück! Keiner wusste warum! Und keiner wusste, ob ich noch geatmet hatte zwischendurch und ob ich jetzt Sängerknötchen auf den Stimmbändern hatte! Ich war weder heiser noch wurde ich irgendwie müde. Dann waren Mamis Nerven gefetzt, endlich, und der Kakadu aus der Hölle kam *endlich* raus aus der stinkenden Tasche! *Jetzt* mussten die paar Kilos dann sehen, wie sie da klarkamen, durch die ganzen Füße, Marktroller, Fahrräder, Taschen, Stände, Hunde, Kinderwagen … Mir war das egal, Hauptsache, ich musste nicht in der Tasche sein und hatte endlich wieder Sichtkontakt zu meinem Rudel: Molli! Wenn ich das Rudel nicht sehen konnte, war ich verloren, darum schrie ich dann die ganze Zeit, damit die da draußen alle wussten: Da hinten ist noch einer von uns, nicht vergessen! El Diabolo war zwar ziemlich winzig, aber ich konnte schon sehr gut für mich selber sorgen, würde also schon nicht verloren gehen! Mich hörte man noch abriebfrei bis Bayrischzell. Mama war schon ganz schlapp und genervt: »So geht das nicht, das mache ich nicht mehr mit …« Ich habe wirklich original gebrüllt wie ein Schimpanse und ein Kakadu im gleichen Moment. So laut und schrill: »GackaGackaGackaGackaGackaGackaaaaaaaa!!!« Wie ein Maschinengewehr! Und alle Leute haben mich kleinen, schwarzen Teufel angestarrt und erstaunt gesagt: »Ist das etwa ein *kleiner Hund* …?! Wie kann der denn wohl *solche* Geräusche von sich geben?! Hat der Schmerzen?!« Und alle guckten Mami vorwurfsvoll an. Tja, El Diabolo steckte eben voller Überraschungen.

Nix machen

Nix Molli heute. Molli hatte völlig verrückt gespielt, hatte nur Mist gebaut, rumgeschissen, ist abgehauen und dann überhaupt nicht wiedergekommen. Sie hatte mir gestern schon gesagt, dass ihre Menschen-Erziehung jetzt in die zweite Runde gehen musste: Die taten nämlich oft einfach nicht, was *sie* wollte! Der Kakadu hatte ihr schwer imponiert, so machte man das nämlich! Papa-Taxi funktionierte immer noch, denn Molli hatte einfach die stärkeren Nerven und auch die Tagesfreizeit das so lange durchzuziehen, bis es endlich wieder klappte. Papis Nerven waren wesentlich dünner als Saras Nerven. Sara zerrte irgendwann einfach an Molli und Molli rodelte dann mit dem Bauch im Dreck weiter und ließ sich schleppen. So lange, bis sie irgendwann vor dem Bordstein notgedrungen aufstand. Nicht so ich! Ich ließ mich im Bedarfsfall ja einfach umkippen und rodelte seitlich liegend weiter: Flunder de luxe! Aber nicht rauszugehen, wann sie nicht rausgehen wollte: das klappte bei ihr leider genauso schlecht wie bei mir. Molli wurde in der Praxis inhaftiert, wir brauchten also dringend einen neuen Plan, Klappspaten, Bestechungsgeld und Funkgeräte! Ich spielte zwar ausnahmsweise mal gar nicht verrückt, aber Mama hasste mich dennoch, ich wusste es ganz genau! Sie hatte zu einer Freundin nämlich gesagt: »Wenn das mein Freund wäre, ist *heute* original der Tag, an dem ich mit ihm Schluss machen würde!« Dabei hatte ich nix gemacht, gar nix! Ich war doch nur mit meinem nassen, beuligen Pullover auf dem Gehsteig im Regen gesessen und hab *nix* gemacht! Immer wieder viele Minuten lang *nix* gemacht! Was heißt nix: Rumgeguckt hab ich halt. Und wenn ich dann merkte: »Huch, da zieht aber was an der Leine!«, hab ich mich eben voll dagegen gehängt. Aber sonst nix. Und wenn ich dann wirklich mal gehen *musste*, völlig windschief und mit vom Halsband fast ins Gesicht gezogener Nackenfalte, sorgte ich dafür, dass ich immer ganz weit am Rand ging. Ich schrapte also ständig an der Hecke entlang und Mami nölte schwerst genervt: »Oh, bitte jetzt nicht auch noch ein Schrap-Tag!« Doch. Resultat: Pullover patschnass (links angeblättert und mit Ziehfäden), Leine patschnass, Calimero patschnass und wie secondhand wirkend, Tasche patschnass, immer noch zugeklappter Schirm patschnass und Mama patschnass. Patschnasse Mama kam dann auch noch total zu spät wegen der ganzen Schraperei und dem ganzen Nix-Machen. Dabei durchweicht, bepackt, genervt – von mir, warum: Ich machte doch nun wirklich rein gar nix?! Und ich, nach dem ganzen Theater dann, stieg einfach alleine auf die dritte Rolltreppe rauf, als machte ich sonst nie etwas anderes. Runter konnte ich ja schon lange, also seit letzter Woche! Und dann kam die Bahn. Normalerweise gruselte die mich ja und ich ging rückwärts. Musste wieder eingefangen werden, flunderte vor der Tür herum und wurde dann über die Schwelle getragen. Aber nicht so heute! Ich stieg ein, bevor sie sich überhaupt nach El Tintenwurm bücken konnte, ganz allein über den breiten Schlitz hinweg. In der Hektik stolperte ich natürlich programmgemäß, machte mich vor Schreck lang im Türrahmen! Der kleine Spaghetto gab die Hängebrücke und Mama kriegte einen Herzkasper, denn sie sah mich schon im Gleis liegen. Aus der Reihe: »Herr Schaffner, ich habe ihn, aber er stellt sich quer!« Ich hab mich einfach aufgerappelt und bin ganz schnell da reingeklettert. In der Bahn gab ich, lässig auf der Pobacke sitzend, Pfötchen und alle lachten, sah bestimmt voll niedlich aus …

Auf dem Weg nach Hause musste ich aber doch noch mal schnell was machen. Da war eine Art moosige Wiese, die vor einem Häuserblock an einer gut befahrenen Straße lag. Da standen am Gehsteig zwei Schilder auf schwer mitgenommenen (also seit Jahrzehnten ununterbrochen angepinkelten) Metallstangen: »Wir müssen draußen bleiben!« Wir Hunde fanden das alle lustig, denn *natürlich* mussten wir draußen bleiben, denn sonst konnten wir ja nicht an die Stange strullen. Der kleine Hausmeister der Anlage wusste, dass es ein Pi-Mail-Café war und grinste nur über die Strullerei. Aber die Bewohner … Einer versuchte mich heute mit dem Gartenschlauch anzuspritzen, weil er unter seinem hässlichen Balkon einen hässlichen »Garten« im Kies angelegt hatte. Ich reagierte nicht, Mami auch nicht. Der Schlauch keifte kampflustig: »Bla … kann … nicht … bla … lesen … bla … Schild!!!« Mama sagte ungerührt: »Er liest keine Schilder. Er pinkelt sie immer nur an.« Antwort: »Bla … aber Sie … bla … können … bla … lesen!!!« Mami konterte immer noch ungerührt: »Ja, *ich* kann das wohl lesen, aber *ich* stehe ja auch hier draußen und pinkel nicht ans Schild!« Das war dann wohl ein klassisches Patt, er sagte jedenfalls nichts mehr und sein Schlauch wirkte plötzlich etwas dyserektil.

Packo

Ja, nun war leider passiert, was ich schon geunkt hatte: Packo war verrückt geworden! Wir hatten gespielt wie sonst auch, aber ich habe jetzt einen neuen Satz Zähne im Gebrauch und stank wohl auch nach Hormonen und viel Kraft! Packo, der Aushilfs-Alpha-Rüde, konnte das überhaupt nicht ab, wenn noch jemand nach Kraft stank! Da packte er mich plötzlich und schüttelte mich ganz doll am Hals. Dann warf er mich ganz weit von sich weg, wie eine stinkende alte Socke! War aber sofort wieder hinterher, ich hatte noch gar nicht mitgekriegt, was eigentlich gerade passierte, denn ich hatte ja gar nichts getan! Packo war sehr wütend und drückte mich ganz fest runter, knurrte und dann schnappte er, total bösartig, voll in mein süßes Gesichtchen! Das ging alles so dermaßen schnell, hat keiner kommen gesehen. Und schon gar nicht kleiner und jetzt total erschreckter Calimero.

Mama pflückte mich zitterndes Würmchen aus der Wiese, untersuchte mich und war sauer. Aber die Eltern von Packo wussten schon Bescheid, denn es hatte schon vorher Ärger gegeben mit Rüden. »Calimero vertraut Packo, der ist doch schließlich bis gerade eben noch sein Kumpel gewesen! Packo kann ihm glatt so den Hals brechen!«, sagte sie. Die Eltern waren zwar zerknirscht, aber völlig ohne Ahnung, was eigentlich los gewesen war. Sie guckten sich hilflos an und zuckten verwirrt die Achseln. Mami wurde plötzlich klar, dass sich das ab sofort auch noch wiederholen würde! *Ich* wusste natürlich schon heute, dass es sich wiederholen würde. Wenn Menschen duldeten, dass ihre Rüden eben keine unkastrierten anderen Rüden mochten, hatten sie natürlich auch keine Kraft, um wirksam einzugreifen. Dieser Hund würde ihnen was husten und seine eigenen Entscheidungen weiterhin treffen. Mama grummelte auf dem Heimweg: »Wo kommen wir denn da hin, wenn jeder Hund hier seine ganzen antisozialen Psychosen frei ausleben darf?! Dann ist die Wiese bald ein Irrenhaus!«

Ja, so war das dann wohl. Das Irrenhaus ging auch gleich weiter, denn schon ein paar Tage später attackierte Packo schon wieder den kleinen Calimero! Hatte sich losgerissen, denn Mami hatte die Wiese gemieden, wenn der verrückte Packo auch da war. Herrchen hatte das aber nun natürlich schon kommen gesehen, als der Packo wie ein geölter Blitz mit fliegender Leine voll auf Calimero losstürzte. Er rannte wie verrückt hinterher, um ganz schnell diese wütende Bestie am Halsband wegzuziehen. Obwohl diesmal nur ein Schreck passiert war, hatte ich trotzdem einen richtigen Schock, ich wollte nicht mehr spielen, keine Leckerlis essen, mich nicht anfassen lassen, sondern nur noch nach Hause. Mami sagte sauer: »Sehe ich den Packo hier auf der Wiese noch *einmal* ohne Maulband in der Nähe von meinem Calimero, mache ich Kung-Fu, bevor Packo auch nur ›Aua!‹ denken kann!« Jetzt waren dann die Eltern von Packo auch plötzlich sauer, denn sie fanden es ungerecht, weil ihr armer Packo ja auch nichts dafür konnte, dass er fühlte, was er eben fühlte!

Mama ging dann lieber, bevor ein Wort das andere gab, und hörte noch leise hinter sich: »Wir sehen uns wohl nicht wieder! Wir ziehen nämlich jetzt weg von hier!« Mama drehte sich um und da stand das Frauchen vom schönem Jean-Paul, Schrecken aller Wühlmäuse, mit diesem verrückten Cowboyhut aus schwarz-weißem Kuh-Teddyfell und winkte uns mit schiefem Lächeln nach … Da war ich jetzt gleich noch bedrückter als sowieso schon! Wieder ging ein Freund, ging einfach weg und kam nie wieder …! Und wer grub jetzt mit Calimero so lange, bis die doofe Bank dann endlich doch noch umfiel?! Jean-Paul hatte das doch noch gar nicht geschafft, die stand da immer noch ganz gerade …

In Love with Dogbert

Ich hatte einen Freund, der Dogbert hieß, und das war ja der erste Freund, den ich hier überhaupt hatte, bis Hasi und Dolly dann später kamen. Dogbert, der lag doch immer so auf dem Parkett rum, die schwere Nase war tief unten und sein komischer Hintern mit dem Stummelschwanz dran stand hoch, ganz als sagte er: »Nimm mich, ich bin ein wildes Bückstück!« Ich konnte ja nun nicht immerzu Musik auf meinem Quietscheball, meiner Quietscheente und meinem Quietschekissen machen, ich musste mich ja nach all dem nervenzerfetzenden Gequietsche auch mal entspannen dürfen! Also sagte ich zu Dogbert: »Bleib so, wir reiten zusammen mal in den Sonnenuntergang hinein!« Dogbert gab das adipöse Shetlandpony und Calimero gab den ruhelosen Cowboy obendrauf! Und ich war ein wirklich begnadeter Reiter! Am liebsten machte ich Galopprennen! Und dann stand der Cowboy mit tropfendem Piephahn plötzlich zitternd und völlig ausgepumpt mitten im Zimmer, schaute wie total bescheuert, und Mama schlug sich entsetzt die Hände vor den Mund. Dann rief sie schnell die Züchterin an und sagte total aufgeregt: »Calimero, der alte Cowboy, ist auf Dogbert durch die Prärie geritten, jetzt ist der Cowboy ausgelaugt und ausgelaufen … Und weiß ich jetzt nicht, hat der eventuell jetzt eine üble Dauererektion? So ein riesiger, roter Piephahn, sieht das aber mal gar nicht sehr gesund da unten aus! Wie soll denn *der* Apparillo jemals wieder zurück in das kleine, putzige Felltäschchen passen?! Und wo kam der überhaupt mal her?!« Die Züchterin lachte und lachte und lachte. Mal wieder. Mama fand das gerade gar nicht so lustig, wegen dem roten Bolzenschussgerät – völlig jenseits von allen putzigen Felltäschchen. Sie sagte schließlich mitleidvoll prustend, dass der kleine Cowboy jetzt nicht erschreckt werden dürfe, weil er in der Hängephase sei … Und Mami piepste ganz aufgeregt: »Da hängt mal gar nichts, das kann ich Ihnen aber flüstern, *ganz* im Gegenteil!« Und sie lachte und sagte, dass der kleine Cowboy jetzt gerade in der Bums-Hypnose sei, so wie ein kleiner Schlafwandler, man dürfe ihn jetzt nicht erschrecken, weil er sonst vielleicht einen Herzschlag bekommen könnte.

Mama stand auch kurz vor dem Herzschlag, das war ja mal wieder eine end-schlechte Performance hier, fand sie! »Soll ich kühlende Läppchen auflegen?«, fragte sie jammernd und die Züchterin gackerte los: »Bloß nicht!« Mama sagte: »Ich kann doch in *dem* Zustand nicht mit ihm zum Tierarzt! Die halten das Tier alle nur für einen Joke aus dem Beate-Uhse-Shop für Heimtiere!«, lamentierte sie in das entfesselte Gelächter meiner Züchterin hinein. Sie berichtete dann resigniert weiter, dass sie sich nicht vorstellen konnte, dass Calimeros Sattelknauf sich jemals wieder unfallfrei zusammenfalten würde, faselte von Spritzen und Operationen, meine Züchterin lachte und lachte … Tja, und und in genau *diesem* (dramaturgisch wirklich wieder gut gewählten!) Moment kam der kleine Cowboy dann gerade mal ganz entspannt vorbeigeschlurft. Wie zufällig hier immer um diese Zeit unterwegs, ging der abgearbeitete Cowboy erst mal ein Schlückchen an der Bullentränke aufsaugen. Nach seinem Meisterritt hatte er schon alle Werkzeuge wieder fein und säuberlich verpackt, als wäre gar nichts gewesen, nie! Nur sein kleines, beim Gehen so putzig hin- und herschwingendes Felltäschchen war zu sehen. Mami ging ins Wohnzimmer, um zu gucken, ob was abgefallen war, aber da lag dann nichts. Die Züchterin lachte und lachte und sagte dann: »Ja, ja, so sieht dann ein nackiger Mops aus! Ich muss es den Käufern jetzt wirklich mal mit in die Gebrauchsanleitung reinschreiben. Beruhigen Sie sich, Sie sind übrigens nicht die Erste, die einen solchen Schock bekommen hat!« »Ha, ha«, sagte Mama, aber es klang gar nicht besonders lustig. Seitdem war Schluss mit dem Kunstreiten und Voltigieren, auf Empfehlung, wie gemein! Dogbert ist scheinbar irgendwie einfach wortlos ausgezogen. Reitet er jetzt alleine in den Sonnenuntergang? War ich nicht gut?!

Bonni

Wir wollten erst wohin und dann in den Salat zu Molli, aber es war einer dieser Tage und ich war schon wieder diese halb gelähmte Schnecke, die dazu auch noch in schnell bindenden Beton geraten war. Geschwindigkeit: ein knapper Meter pro Minute! Mama sagte resigniert: »*Noch* langsamer und du bewegst dich glatt rückwärts in der Zeit!« Das war *endlich* mal eine gute Idee: rückwärts ziehen! Und schon ging gar nichts mehr. Aber dann war ich doch plötzlich wach und stand richtig elastisch da: Ein winzigkleines, schwarzes Mopsmädchen kam nämlich um die Ecke gewackelt. Oh, war *die* aber süß! Ich knutschte sie dann formlos gleich mal voll ab, aber sie zierte sich mächtig und war dann insgesamt eher sehr zurückhaltend. Sie wurde sofort wieder von der Straße aufgesammelt und abgeknuddelt, kam dann während der ganzen Zeit des Gespräches nicht mehr runter zu mir. Als würde ich der was machen! Bonni hieß sie und Bonni-Mama sprudelte sofort los wie ein Wasserfall: Und Blablabla, warum hieß Bonni denn jetzt Bonni …? Weil sie sich schon als kleines Mädchen gesagt hatte, dass *wenn* sie mal ein Kind hätte, *dann* nenne sie das immer nur Bonni! Genauso wie die Tochter von Rhett Butler und Scarlett O'Hara! Das sei nämlich ihr absoluter Lieblingsfilm und Blablabla!« Mama nutzte eine unachtsame Atempause und rief entschlossen dazwischen: »Und wenn es ein *Junge* geworden wäre …?!« Bonni-Mama stutzte und plapperte dann aber sogleich weiter: Und Blablabla, vom Winde verweht und die kleine Bonni wäre ja so süß und … Mama warf lakonisch ein: »Tot! Bonnie stürzte beim Sprung von ihrem kurzsichtigen Indianerpony und starb in den Armen ihres gebrochenen Vaters! Ich hoffe doch sehr, Ihr Mops plant nicht zukünftig das Voltigieren zu erlernen …?!« Bonni-Mama stutzte wieder, wedelte unwillig die Bemerkung weg und plapperte weiter: Und Blablabla, die kleine, süße Bonni mit den Schmachtlocken und dem Rüschenkleidchen, die war doch so süß …« Mami schob schnell ein: »Mops ist aber nicht gleich Kind. Also, ich habe das nur gehört!« Ich grinste. Das war der doch wohl so was von total schnuppe! Und wenn es eine männliche Schildkröte mit nur drei Beinen gewesen wäre: Hauptsache, irgendwas konnte endlich mal Bonni heißen!

Und Blablabla, warum ist die arme, kleine Bonni denn eigentlich so scheu?! Ja, weil die arme, kleine Bonni in der Welpenspielgruppe total traumatisiert wurde von einem kapitalen Bologneser! Mami stellte die Augen heimlich hoch und ich dachte amüsiert: »Ach, Neptünchen … Was konnte *der* denn bitte schon groß gemacht haben? Hatte er vielleicht einen bösen Fellball auf sie gespuckt? Mama sagte: »Ah, die Bolognese … Ja, ja, ja, man hört doch immer wieder so einiges über Bolognese …« Bonni-Mama fusselte wie ein Maschinengewehr über die terroristische Attacke des asozialen Fellknäulchens und Mama beendete den Satz: »… insbesondere auf Spaghetti und weißen T-Shirts geht es da ja immer ziemlich zur Sache!« Keine Reaktion: Blablabla!!! Ich dachte gelangweilt: »Hallo Tuppi! Mein Name ist Calimero, ich habe mir heute Morgen eine halbe Stunde lang die Eier geleckt und das war ganz toll …« Blablabla, die arme, kleine Bonni hatte ja nur 110 Gramm bei der Geburt, och Gott, och Gott, so ein zartes Frühchen war sie! Das musste man sich ja nur mal vorstellen: wie eine Tafel Schokolade, aber das auch noch als Mops! Ich gähnte und dachte: »Bestimmt war das auch noch eine Steißgeburt … *Ich* hatte auch schon eine Steißgeburt, denn *ich* habe heute bestimmt auf einen Schlag 110 Gramm Futter ausgeschissen!« Und weiter ging es mit Blablabla: Die arme, kleine Bonni hätte einfach ein ganz schlimmes Trauma und das wäre auch später nicht wieder weggegangen! Ich dachte, mittlerweile ernsthaft gelangweilt von Tuppi aus Bologna: »Egal! Ich glaub, ich hau ihr gleich erst mal voll eine rein! Da hat sie endlich einen Grund für echtes Trauma und dann sehen wir mal weiter hier …!«

Bonni-Mama beruhigte sich nach ein paar Minuten des ununterbrochenen Gefussels. Mama drehte leicht die Augen hoch, als sie den Aufkleber an Bonnis winzigem Geschirr sah: ›Wunschkind‹! Dann rief zum Glück Sara an, bevor Mami *dazu* wieder was Doofes absondern konnte, und befahl uns endlich rüber in den Salat. Wir waren ja schon total überfällig: zuerst wegen der Schnecke im Beton, dann wegen Kunstreiter-Wunschkind-Bonni. Und verbal leicht traumatisiert gingen wir jetzt alle vier hinten im Salat mit Molli spielen. Und *fast* sofort kam die Geschichte von den 110 Gramm noch mal atemlos im Original, diesmal für Sara. Mama stellte schon wieder die Augen hoch. Es kam natürlich auch gleich noch mal die Geschichte vom kapitalen Bologneser mit seinem ruchlosen Attentat und Sara stellte jetzt auch noch die Augen hoch. Bonni war reichlich lahm, aber dann plötzlich total begraben unter uns beiden Dicken, no merci for no one! Bonni-Mama dachte sofort an die armen, kleinen 110 Gramm und das Bologneser-Trauma und sammelte lieber wieder schnell das Wunschkind unter uns tollwütigen Gulli-Tölen aus dem Salat. Dann schüttelte sie ihre süße, kleine Bonnie kurz aus und ging lieber. Wir arbeiteten uns ohne Abschied sofort gemeinsam durch das Unterholz und der Dschungel lebte!

Mama schaute betrübt auf das schreckliche Schlachtfeld und sagte: »Es sah einfach ganz natürlich nach Wetter aus, aber diese ganzen abgenagten Strünke, das kann ja nun doch kein Zufall mehr sein …« Sara guckte auch betreten und sagte: »Mardär! Wier habän hier Mardär! Oi, oi, oi – wänn dass där Haussmeistär sieht – oi, oi, oi …!« Als Mama Sara dann erzählte (Petze!), was ich gestern alles *nicht* gemacht hatte, sagte Sara nur: »Dass kennä iech sähr gut! Äs hatt Tagä gegebän, da hättä iech Moolliiee mal voll an die Wand klatschän könnän! Iech habä dann zu Moolliiee gäsagt: Iech schieck diech zurück zu deiner Züchtärrien! Hat sie niecht ientärrässierrt …!« Mama fand die Geschichte toll. Und sagte befriedigt: »Gute Idee: Briefmarke auf den Hintern kleben und ein Hinweis: Nach Versand unbekannt verstorben!« Die Geschichte fand Sara wiederum toll und sagte: »Mann möchtä Ö manchmal einfach auss däm Fenstärr werfän …« Mama sagte grimmig: »Genau. Aber das Fenster ist nicht offen …«, und beide lachten wie verrückt. Das war aber doch gar nicht komisch: die arme Fensterscheibe!

Verwicklungen

Der Tag begann mit einem Spaziergang, so hab ich es ja meistens ganz gerne. Naja, es sei denn natürlich, es regnete. Oder es war neblig. Oder es lag Tau auf der Wiese. Oder noch schlimmer: Raureif! Oder es war zu kalt. Oder es lag Schneematsch. Oder … Der Herbst und der Winter waren also mal ganz und gar meine Lieblingsjahreszeiten! Und wenn ich widerborstig bis neun Uhr im Nest eingekuschelt lag und nicht aufzustehen *gedachte*, war Mama schon immer ganz schlapp, bis sie mich, den sich windenden schwarzen Zwerg, endlich in seine ganzen Klamotten und das Geschirr gestopft hatte. Alte Mops-Weisheit: Für umsonst gibt's hier gar nix! Wir sind, mal wieder mit meiner Tasche im Handgepäck, den langen Weg bis zum Lidl vorgegangen. Ich musste mit, weil ich ja so ein Tamtam um sieben gemacht hatte, und nun war absolute Zeitnot. Nettozeit für den Weg: zwölf Minuten. Mit El Diabolo dann weit über 45 Minuten. Mama war fix und fertig, kennt jetzt jeden Grashalm mit Namen am Wegesrand. Im Laden (sie hatte mich aus der Not in meine Tasche gestopft, um mich da reinzuschmuggeln) ließ ich die ganze Chose mal wieder auffliegen und schrie wie am Spieß herum. Das blieb nicht unentdeckt! Gab auch gleich Ärger für Mami, so von wegen Hund in Laden und auch eingedost ist verboten und Blablabla …! Mama ganz geknickt, und El Diabolo auch … Ich war dann ganz still in der Tasche bis zum Schluss.

Der Rückweg war dann besser: nur 38 Minuten! El Diabolo, das Muli, wollte heute eben einfach nun mal nicht gehen! Weil: Das bockige Muli wollte heute nur sitzen! Man musste nicht wissen warum, manche Dinge waren einfach nun mal so, ZEN!

Mama war schon ganz schwach: Schulter tat weh, Erziehung gescheitert, nur Machtspielchen die ganze Zeit, ein fetter Anschiss schon morgens, seit fast zwei Stunden unterwegs für nichts … Aber Mulis kannten nun mal kein Erbarmen und dieses saß derzeit mitten in den Ameisen und wollte eben nichts erleben! Menschen kamen vorbei und ich war regelrecht froh darüber, denn ich musste nicht weiterlaufen, sondern machte für die Passanten Tamtam.

Mama war jetzt sehr streng, vielleicht auch, weil wir schon lange irgendwo ganz anders sein sollten. So zog sie sichtbar gestresst das ungezogene Muli da weg, aber die Leute latschten total unsensibel immer weiter neben uns, pfiffen nach mir und zwitscherten: »Oh, wie süß! Wie alt ist sie denn? Ist das ein Mädchen? Will sie nicht gehen? Ja komm her, ja komm zu uns! Hier musst du nicht gehen, jaaaa …« Mama sagte etwas streng: »Bitte verwickeln Sie ihn jetzt nicht noch in Gespräche. Ich denke, Sie sehen es doch: Er soll jetzt wirklich weitergehen! Er spielt auf Zeit, will getragen werden, ist bockig, und dabei zu gerne abgelenkt. Wir sind wirklich seit Ewigkeiten unterwegs!« Ich fand, das war ein sehr netter, wenn auch natürlich leider wieder nicht sehr wahrer Vortrag, warum Mami nicht wollte, dass ich dauernd abgelenkt wurde. Aber der Typ von denen guckte daraufhin, als hätte er gerade eine Torte voll ins Gesicht gekriegt. Wir gingen also endlich vorbei. Da schloss der Typ plötzlich nach vielen Metern auf und giftete Mami plötzlich böse an: »Ich hoffe ja wohl schwer, dass ihr Hund nicht auf den Gehweg pisst! Wir laufen da immer durch und tragen das auch noch in unsere Wohnung rein!« Mama war perplex: »Tja, da würde *ich* mich nicht drauf verlassen! Bleiben Sie besser mal zuhause mit ihrem unfreundlichen Gesicht und schonen Sie ihre kostbaren Teppiche!« Da sagte der Typ richtig wütend: »Verwickeln Sie mich nicht in Gespräche, ja!« Das war ja nun überhaupt nicht überraschend für mich, so lief es auf der Wiese ja auch: »Knurr« »Knurr!!« »KNURR!!!« Es gab eben einfach unsozialisierte Köter, die konnten nichts auf sich sitzen lassen und ertrugen es einfach nicht, wenn sie von einem Artgenossen mal gemaßregelt wurden. So einer war das hier ganz offensichtlich. Allerdings benutzten wir Hunde, auch wenn wir mal aus der Reihe fielen und nachmaulten, immer noch *unsere eigene Stimme*, nicht die des Gegners! Der unsozialisierte Mann fiel wieder zurück, dachte aber scheinbar, er hätte sein Machtspielchen immer noch nicht gewonnen, denn er sagte laut zu seiner Begleitung: »So eine bescheuerte Frau, das gibt es echt nicht …!« Mama drehte sich um und sagte laut zu der Frau, als sei *er* gar nicht existent: »Sie tun mir wirklich leid! Aber so was passiert einfach, wenn man in die Reste-Trommel greift, weil man unbedingt auch noch Einen abkriegen will!« Da guckte der Typ dann so was von völlig bekloppt durch die Reste seiner Torte hindurch und konnte endlich gar nichts mehr sagen …

Angelo

Zuerst mal gute Nachricht: Mein Fellchen war wieder schön! Ich glänzte sogar schon wieder ein bisschen, klavierlack-technisch, ihr versteht … Oha, aber ich habe auch einen neuen Feind: Er brummt und stinkt und heißt ›Angelo‹, auch das noch! Es ist ein Fiat Panda und Mami meinte unbedingt, den müsse sie haben. Auch damit wir mal woanders hinkönnten, wo es anders sei und dann noch schöner. Und dass wir nicht immer mit der dottergelben Vespa fahren müssten, bei Regen, Sturm und Kälte … Im Winter dann ja sowieso nicht. Sie fand das auch zu gefährlich, so mit mir Tintenwürmchen in der Tasche auf der Schulter. Und was würden wir machen, wenn ich noch größer und noch fetter würde? Ich hasste aber den Panda! Das war wie eine Tasche, nur aus Blech, die stank, war laut, schaukelte und rumpelte! Und ich Unglückswurm war *schon wieder* angeschnallt! Ich saß in einem eigenen Nest im Fußraum, so wie Molli bei sich im Auto. Aber *ich* machte einfach nur Randale, gar nicht wie Molli, aber so wie *ich*! Ich *wollte* nicht im Fußraum sein! Ich wollte auch ans Steuer! Mami machte fast einen Unfall, weil sie ständig den Calimero aus der Gangschaltung, aus der Handbremse und einmal leider auch aus dem Gaspedal wickeln musste. Obwohl ich ja vorschriftsmäßig angeschnallt war, war die Leine da dran trotzdem immer noch lang genug, um Mamis Fußraum zu stürmen! Das hatte ich doch auch so bei Sara gelernt! Autofahren hieß: Ich saß oben auf der Mami und war auch mit am Steuer! Ich kämpfte erbittert um jeden Zentimeter Teppich und Mami machte total genervt gleich auf dem Rückweg einen Schlenker zum Tiershop! Aber kein Fresschen, kein Spielzeug, keine Leckerlis heute, sondern nur ein sehr kurzer Gurt und eine Reisebox mit Gitterrost. Das kannten wir doch schon: Hund in der Dose?! Aaaiii, Carrrambaaa! Es durfte doch wohl echt nicht wahr sein hier: El Diabolo war schon *wieder* in Haft geraten!

Einziger Lichtblick: Wir trafen dort Bonni. Die Mamis kauften sich ein Eis und wir machten zu viert einen netten Spaziergang in ziemlich doofer Landschaft. Bonni hatte Angst vor der doofen Gitterbox und schrie sie ununterbrochen an … dachte wohl, die käme aus Bologna. Gute Idee aber eigentlich, das mache ich ab jetzt auch so!

Oh ja, es gab einen satten Zwei-Runden-Kampf, allein schon beim Einsteigen! Calimero klemmte verbissen verkeilt im Eingang von der bereits innig gehassten Box fest! Bonni-Mama klatschte sich die Hand vor die Stirn und sagte nur: »YouTube! Das ist ein echter Hit … Dazu dann die Bee Gees mit ›You Should Be Dancing, yeah‹!« Gut erkannt, denn ich tanzte wild entschlossen nach alter Manier den Dosen-Flip, mit Festklammern, Ächzen, Wegstemmen und alles! Bonni-Mama war nach ein paar Minuten wirklich ernsthaft fassungslos, denn sie hatte noch nie einen kleinen Mops quer in einer Öffnung klammern gesehen, ungefähr wie ein wild gewordenes Meerkätzchen. Mami hatte es ja fast schon vergessen, oder besser verdrängt gehabt, aber El Diabolo vergaß nichts, niemals! Ich konnte daher meinen Text sofort wieder auf Anhieb! Und dann hatte Mami, es erscheint mir immer noch unfassbar, ihren bockigen Mistkäfer (ja, so hat sie mich *wirklich* genannt! Polizei!!!) einfach in die blaue Dose reingestopft, dann geschüttelt, *rumms* das Gitter zugeknallt, die Box ins Auto gestellt und angeschnallt. Ende. Das dachte *sie* …! Aber kaum fuhr sie los, musste sie ganz schnell alle Fenster zumachen, obwohl es so warm war! Ich sang nämlich die Kakadu-Arie aus Madame Butterpug! Auch hier hatte ich den Text nicht vergessen, keinen Ton, keine Silbe! Wie gehabt, sauber im Falsett gekreischt, in den Höhen mit sich überschlagender Stimme und das Ganze mit geschätzten achtzig Dezibel! The Killer-Kakadu returns … Mami war so was von völlig fertig, als wir endlich zuhause ankamen. Tenor Calimero fühlte sich jedoch frisch und ausgeruht.

Weil ich ja noch so entspannt war, brachte ich in epischer Breite auch gleich meinen schon berüchtigten Tiefgaragen-Flip. Und als Zugabe die Tiefgaragen-Flunder. Da capo, El Diabolo, da capo! Ich hatte nichts vergessen: Man machte sich lang und flach, streckte die Ärmchen aus, klebte seinen gesamten Bauch am Boden fest, egal wie staubig es da auch sein mochte. Dann ließ sich man sich, wenn man über eine Bodenwelle drüber musste, *bladupp* seitlich fallen, lag dann auf der Seite und ließ sich mit unbewegter Miene weiterzerren. Mama sagte an dieser Stelle meines Auftrittes mit ganz engem Mund: »Ich kenne mich auch etwas aus mit sizilianischer Lebensart, du Höllenküken aus Palermo, pass mal auf: Wenn Pasta an der Tapete klebt, ist sie gar! Wenn Fell am

Zement klebt, ist es tot!« Ja, so sah es dann wohl aus. Aber die Regeln sagten: Das macht man so lange, bis einer aufgibt. Die Optionen: **1.** Der Mops stand dreckig auf und ging alleine weiter (Punkt für Mami). **2.** Der Mops stand *nicht* auf und musste so dreckig getragen werden (Punkt für die Flunder und Punkt für ›Rei in der Tube‹). Es dauerte dann wirklich viele lange, enervierende Minuten, weil Mami einfach nicht aufgab! Mehrere Zusammenbrüche später saß Calimero dann endlich total verdreckt im Fahrstuhl. Komplett rundum mit dickem, grauem Tiefgaragenstaub paniert. Es war eine gute Performance, denn da waren ja schließlich auch zwei gruselige Metalltüren, da *musste* ich einfach jedes Mal Zeter und Mordio schreien! Im Drehbuch stand außerdem: »Wie irre rückwärts zerren, dabei aus vollem Halse den Kakadu geben! Den Nachhall genießen! Dann mit wütendem Schmackes rückwärts aus dem Geschirr rausflutschen! Immer noch schreiend türmen! Dann sich unter einem niedrigen Auto verstecken und gar nichts mehr sagen! Gesucht und eingefangen werden müssen! Festklammern am Unterboden des gekaperten Fluchtwagens! Erneuter Fluchtversuch! Sich wild wehrend und um sich tretend, ins Geschirr gestopft werden müssen! Und dann weitergezerrt werden, unter massivem Widerstand!« Gutes Drehbuch. Den Autor würde ich gerne mal kennenlernen, ich glaube, wir hätten uns viel zu erzählen …

Mama musste mich also erst mal über dem Balkon hustend gründlich ausklopfen und ausbürsten, und ich machte derweil noch etwas Tamtam, war gerade im Stream …

Dann ging ich ganz entspannt lautstark was trinken, weil: Singen machte immer einen trockenen Hals! Schließlich holte ich mir, nach dem üblichen minutenlangen Gegrabe, Gescharre und Geschepper einen guten Kauknochen aus meinem Kistchen. Als ich dann tropfend und mit nassem Gesicht, wie üblich nach dem Trinken, mit meinem Kauknochen zum Teppich kam, schlief Mami schon fix und foxi auf dem Sofa …

Merlin fand meine neue Box allerdings sofort ganz toll! Mami hat die mit hochgebracht, damit sich El Diabolo daran gewöhnen konnte, aber das machte El Diabolo niemals freiwillig! Es war Krieg wegen der widerlichen Hundedose da! Die dicke Perser war da dann aber gleich mal komplett eingezogen, während der dünne Mops einen weiten Bogen um sie zog … Ein Volltreffer also, aber das hätte ich euch vorher sagen können …

Fahrbare Freunde

Mami meinte, ich sei jetzt alt genug und bräuchte dringend einen Job. Auch um meine überschüssige Energie abzuarbeiten! Ihre Wahl fiel auf einen Verein, der ehrenamtlich mit seinen Hunden Krankenhäuser, Behinderten-Tagestätten, Altenheime und private Senioren besuchte. Es gab Untersuchungen, nachdem das Zusammensein mit Tieren, ganz besonders mit Hunden und Katzen, eine messbar positive Wirkung auf alle Arten nervös bedingter Zustände und Depressionen hatte. So sollten sich zum Beispiel sogar spastische Lähmungen mindern, wenn der Kranke länger ein Tier streichelte. Wir hatten dann einen Probe-Einsatz in einem Zentrum für schwerbehinderte Jugendliche. Und vom ersten Moment an fand ich meinen Job als Mikro-Behinderten-Besuchshund toll!

Ich hatte mich dort sofort mit vielen angefreundet, die da mit ihren Rollstühlen, manchmal alleine, manchmal mit ihren Betreuern, in der Halle herumfuhren! Zum Beispiel mit Cathleen. Ich hatte gleich meine Vorderpfötchen auf ihre Knie gestützt und sie streichelte mein Köpfchen etwas ungeschickt. Ganz verkrampft und eiskalt waren ihre dünnen, weißen Hände, aber ich konnte sehen und hören, wie sie sich freute mich kennenzulernen. Und ich freute mich auch sie kennenzulernen und das spürte dann wieder sie, obwohl sie ja gar nicht reden konnte. Die Leute vom Verein schlugen die Hände lachend vors Gesicht und riefen: »Was für ein Gewinn! Da brauchen wir nicht mal einen Wesenstest: stressbeständig, kommunikativ und total engagiert! Ist der süüüß!« Genau, mein Reden Mädels …

Dann kannte ich die Vroni. Sie saß steif und komplett angeschnallt mit weit offenem Mund und rollenden Augen, zuckendem Köpfchen, fast wie eine große Puppe in einem hohen Stuhl und hatte ein Tischchen vor sich am Stuhl angeschraubt. Auf das sollte ich mich jetzt draufsetzen. Ich hatte einen guten Ausblick von da oben. Vronis Mama bog Vronis Finger auseinander und führte die kleine, eisige Hand über mein Fell. Mich traf eine fröhliche Welle von Vronis Brust aus und ich drehte mich um und küsste sie ganz zart auf das kleine, spitze Kinn. Lange saß ich da, so auf Mopsart mit der Hüfte an ihre magere Brust gelehnt, so genossen wir viele Minuten lang das stille Zusammensein … Mama von Vroni sagte: »Guck, die Fingerchen von der Vroni werden schon weicher, das hast du gemacht, du kleiner Engel mit deinem schönen Fellchen …!«

Und dann kannte ich den Wittko! Er saß zusammengefallen und mit völlig verkrampften Armen in seinem Stuhl und bewegte seine Füße tippelnd beim Fahren über den Boden. Damit konnte er sogar ganz alleine auf mich zurollen und es war klar, was er wollte, wenn man ihn auch nicht verstand. *Ich* verstand ihn aber: Er wollte *mich*! Und er kriegte mich, und ich kriegte ihn! War das eine Liebe! Er umarmte mich ganz fest und drückte sein Gesicht lachend in mich hinein und ich tat alles, um ihn auch zu umarmen. Ich kam frei und dann war Wittko dran! Kein Erbarmen, für niemanden! Ich stand stramm auf seinen Beinen und meine Vorderpfötchen verwuscheln sein Haar, während meine kleine rosa Zunge all das nachholte, was die Morgenwäsche versäumt hatte. Inklusive Ohren! Wittko versuchte mich zu umarmen, aber ich war schneller und er musste so lachen, dass er gar keine Kraft mehr hatte zuzupacken. Huuhaaa: Es ist noch Spucke da …!

Rocco

Das heute echt Beste am ganzen Tag war: Ich hatte mir mein Mittagessen ehrlich verdient! Jedes Häppchen: rohe Rinderleber! Für jedes Mal »Platz!« machen, hab ich eines bekommen! Mami hielt sich an den Hundeführerschein und sagte aber nur noch »Sit!« und »Down!«, weil wir Hunde die scharfen Verschlusslaute von »Sitz« und »Platz« nicht gut auseinanderhalten konnten. Das war der Grund, weswegen man viele Hunde sah, die bei »Sitz!« lagen und bei »Platz!« dann entweder nur doof guckten oder saßen … Mir war das ja sowieso wurscht, weil ich mit meinem Menschen einen Streber erwischt hatte! Sie machte für mich alles auf Hundeart: mit Sichtzeichen. Sie könnte auch »Brombeere!« sagen, mit der richtigen Handbewegung wusste ich sofort Bescheid. »Brombeere!« mit Zeigefinger nach vorne: Die Brombeere saß! »Brombeere!« mit Handfläche nach unten: Die Brombeere lag! »Brombeere!« mit Kringel: Die Brombeere tanzte! Ich war eine Streber-Brombeere …

Molli konnte heute nicht spielen, denn Molli musste heute mit Papi Golf spielen. Sie saß dann stundenlang hinten im Golfmobil und ließ sich reglos bewundern … Also sind wir nur zu zweit losgegangen. Zuerst war gar keiner da, aber dann kam Jacki, ein puscheliges schwarzes Mischlingsmädchen. Wir haben so schön miteinander gespielt! Ich will ja später mal Hunde-Friseur werden, falls ich nicht doch beim Zoll anfange. Also habe ich etwas geübt, indem ich an ihren schönen, langen Haaren rumfraß. Irgendwann hatte sie dann geknurrt: »Lass das, ich will keinen Scheitel gekaut kriegen! Ich trage meine Fussel gerne natürlich vom Punkt weg nach vorne …!« Mist, gerade die Stirnfranse war doch so lecker gewesen! Mama war dann ziemlich genervt. Ein langer, flacher Mischling namens Rocco hatte mich so dermaßen penetriert, bis ich ganz durcheinander, fast schon ängstlich war. Und der hörte auch einfach nicht mehr auf! Dann sprang er immer wieder Mama an, schöne nasse Wiese mit schöner nasser Kacke drin, alles an der schönen neuen Hose dran! Das Herrchen von Rocco stand irgendwo weit weg auf dem Weg herum, guckte absichtlich woanders hin. Er gehörte zu denen, die sich für rein gar nichts interessierten, was ihr ungezogener Köter da gerade machte. Mama brüllte laut: »Lass das endlich, du nerviges Tier! AUS!!!« Aber Rocco war genauso uninteressiert wie sein Herrchen und reagierte ebenfalls auf nichts. Dann pisste Rocco auch noch voll auf mich drauf und Mama wurde jetzt sauer. Sie brüllte mit Donnerblick: »Jetzt rufen Sie endlich Ihr ungezogenes Tier hier ab! Ich hab schon Kackpfoten an der Hose und Pisse auf dem Hund, es reicht jetzt!« Der Typ guckte irgendwann verschwommen rüber und sagte lasch: »Also *ich* hab meine Hunde ja nun total im Griff … Was *deiner* da macht, keeeineee Aaahnuunnng …« Mama schmetterte: »Ruf ihn ab, sonst hat er gleich Flügel am Hintern!« Und er dann, ganz leise und sehr laaaahhhm: »Heeeyyy, Roooocccooo … Pfuuuiii, nääää …« Rocco reagierte natürlich überhaupt nicht. Und weil Herrchen schon wieder nicht guckte, sich immer noch für nichts interessierte, gab Mami Rocco mit Schmackes einen festen Tritt in

den Hintern. Er flog daraufhin wild tippelnd ein Stück-
chen nach vorne, schaute verdutzt über die Schulter und
ging dann endlich völlig unbeeindruckt weg. Mama war
völlig genervt: Hose dreckig, keine Entspannung und ich
angepisster Stinker musste jetzt auch noch gewaschen
werden! Sara sagte dazu später: »Räg diech bloss niecht
auf! Dass lohnt siech niecht …! Iech sag dier: 85 Prozent
där Hundä sient niecht erzogän. Niecht dass kleinstä
biesschän!«

Uschi

Der doofste getroffene Hund war heute Uschi. Von der war ja sogar *ich* genervt! Ein Chihuahua im Wollschlauch am Flexiband … so ein Mistpilz! Das Frauchen war dick und doof und auch im Wollschlauch. Hatte die ganze Zeit froh rumgeblökt: »Uschi *hasst* Hunde! Uschi hasst *alle* Hunde, hihi. Gell, Uschilein, *rupf hoch* *knutsch ab* Du hasst einfach alle anderen Hunde, gell …?!« Mama sagte mit ihrem engem Rosetten-Mund: »Ganz, ganz großartig. Dann ist ja so eine Hundewiese das *ideale* Terrain für … ES!« Und der große Wollschlauch blökte dümmlich: »Hihi, ja, ja, ja, die kleine Uschiiii mag eben einfach *keine* Hunde! Da musst du immerzu bellen, nicht wahr, Uschileinichen, immerzu wauwau machen musst du dann, gell, jaaaaaa…! Aber du *machst* ja nichts, gell, Uschileinchen …« Mama flüsterte im Weggehen mit hochgestellten Augen: »Ein vollkommen neurotisches Viech! Wo sie *das* wohl nur herhat!? Und der Hund ist auch nicht viel besser!« Haha, den hab ja jetzt ich sogar kapiert! Ich kehrte dann mal schnell um und rannte schnell rüber, um ihn Uschi auch zu erzählen! Und *die* sprang mich sofort voll an und fauchte und bellte wie irr. Kurz: ein Riesentheater. Na, warte! Am Ende hatte dann *die* Schiss, weil ich einfach nicht mehr aufhörte, ihr was zu erzählen! Am liebsten wäre sie direkt am Fahrrad hochgeklettert! Und Mama sagte süßsauer, ohne jetzt überhaupt auch nur im Entferntesten einzugreifen: »Ooohhh, Calimeeerooo! Du *hasst* Chihuahuas, gell Calimeroleinchen, diese überzüchteten, kläffenden, nie erzogenen, überspannten Teile im Bratschlauch! Die *hasst* du einfach *alle* nicht wahr …? Hihi, aber du *machst* ja nichts, gell …! Nur so ein bisschen Herzinfarkt, hihi …« Dicker Wollschlauch machte Gesicht wie Reißverschluss und zog ab. Mit zitternder, immer noch wild fauchender Ratte im Wollschlauch hinter sich herschleifend … Harr.

Cowboy Henry

Mutti hatte zu viel Landluft auf unserem Wochenendurlaub geschnüffelt und sagte morgens daher beim Frühstück: »Wenn mein Mops Calimero ein Pferd wäre, würde es auf jeden Fall immer nur Butterblume heißen!« Alle lachten und fanden, das passe prima. Mami köpfte entschlossen ihr Ei: »Manchmal bin ich aber morgens auch etwas genervt vom Butterblümchen und hätte dann gerne etwas weniger Buttrigkeit – und dafür dann aber etwas mehr Feuer unter der Blume!« Großes Gelächter.

Wir hatten auf dieser Veranstaltung auf dem Lande eine Kleinfamilie mit Mops kennengelernt. Er hieß Henry, hatte fast mein Alter und war auch rabenschwarz. Ansonsten war er um ein gutes Drittel größer und schwerer als ich und latschte etwas unsportlich-schwerfällig. Aber das täuschte mal! Der war nämlich eine echte Granate, wenn man ihn dann losließ! An den Hinterbeinen hatte er so komische Knubbel und Mami fragte, was das wäre: »Das sind Sitzschwielen! Henry sitzt einfach gerne …!« Na, dann müsste ich ja schon Wetzschwielen haben …! Wir liebten uns sofort und waren nur noch dabei zu schmusen und miteinander wild herumzukugeln. Auch die Menschen mochten sich, und so verabredeten sie sich auf einen langen Spaziergang zu sechst.

Wir latschten dann gemütlich gemeinsam über romatisch verwilderte Feldwege und schattige Baumalleen, dann kamen wir ins freie Gelände. Ich sah schon, wie es Freund Henry in den Pfoten zuckte, aber seine Menschen nahmen das nicht zur Kenntnis. Ich sah, wie auch Mama Henrys Pfoten heftig zucken sah und wohl gerade überlegte, ob Henry wohl Kühe überhaupt kannte … Da hatten wir dann auch schon die Antwort: Nein, Henry kannte keine Kühe! Aber er war gerade im Begriff, das zu ändern …! Er riss sich nämlich los und stürmte kurzerpfot, sich überschlagend und hysterisch bellend, mitten in die nächste Kuhwiese hinein. Die darauf weidenden Milchkühe waren scheinbar derlei Kummer gewöhnt und guckten nur sehr schwach interessiert, als Henry da jetzt den Cowboy zu geben begann. Er raste wie angestochen kreuz und quer, laut schreiend und pöbelnd quer durch die ganzen Kühe. Wilde Bocksprünge vollführend flog hinter ihm lauter getrocknete Kuhkacke im hohen Bogen über die Wiese. Und als er dann auch noch einen frischen Fladen fand, machte er eine kurze Verschnaufpause, um mal kurz etwas von den Kuh-Pralinen zu versuchen. Er hatte leider zu viel Schwung, denn er stippte prompt beim plötzlichen Abbremsen darin ein. Er tauchte dann sofort wieder grinsend auf, aber wie sah der jetzt aus! Eigentlich genauso, wie er sich gerade benahm: total scheiße! Aber er grinste breit wie eine Rolle Drops von einem Ohr zum anderen und galoppierte entfesselt und mit wehenden Ohren quer über die Wiese, quer durch die ganzen Kühe. Seine Familie brüllte am Rand der Wiese nach »Hääänrrriiieeehhh!!!«, aber der Knabe hustete ihnen nur etwas und guckte nicht mal mehr rüber. Das ging viele Minuten lang und Henry hatte sich nicht irgendwann mal ausgetobt, sondern wurde sogar noch immer bekloppter da in der Arena. Dann stieg zu Papi dann auch noch Opi mit in den Ring und schließlich sogar noch seine Mami! Sie versuchten ihn einzukreisen und brüllten hysterisch dabei herum, während Oma das Chaos vom Zaun aus zu navigieren versuchte.

Ich persönlich fand das ja nun nicht so schlau, denn das bestätigte Henry nur noch weiter in seiner verstiegenen Annahme, dass er hier ein tolles neues Spiel erfunden hatte, das allen gerade einen Riesenspaß machte! Er fühlte sich nachhaltig angefeuert und unterstützt durch sein Team. Denn mit wedelnden Armen und wild durcheinander brüllend, versuchten sie den von oben bis unten mit Kuhfladen bedeckten Mops zu fangen, der sich mittlerweile benahm, als sei er der Rinderwahnsinn höchstpersönlich! Sie erwischten ihn aber nie, natürlich nicht! Er war mit seinem Allpfotgetriebe auf all den rutschigen Fladen da voll im Vorteil. Und außerdem hatte er dazu auch noch den Kuh-Flip! Das war die Rechnung: Er war frei! Er hatte eine gute Entscheidung getroffen! Er war mit frischen Kuhfladen betankt! Er hatte vier Füße! Und das ganze Gewedel, Gerenne und Geschreie machte Henry nur noch immer wilder … Mittlerweile hatte er sich aufs Kühehüten verlegt und bellte diese nacheinander alle wütend an. Als er so tat, als wolle er auch noch auf sie losgehen, wichen sie bereits nervös vor ihm zurück. Und das rief dann endlich auch den Bullen auf den Plan. Mit gesenktem Kopf und geblähten Nüstern kam er jetzt schnaubend auf Henrys Opa zu getrabt … Nun brüllte der Rest, der hinter dem Zaun geblieben war, auch noch mit: Henrys Oma und sogar Mama! Sie warnten Opa vor dem nahenden Bullen! Und weil alle was sagten, sagte ich auch mal was! Es war ein Höllenspektakel und ich denke noch heute, wir konnten von Glück sagen, dass der Bauer nicht darauf aufmerksam wurde. Henry guckte zu mir rüber, und ich rief ihn an, er solle jetzt mal kommen, aber er zauderte. Mami nahm die Gelegenheit und lockte ihn, indem sie verheißungsvoll mit der Leckerli-Dose klapperte: »Zuuu miiirr! Heeennnryyy!!!« Er guckte interessiert und war somit wenigstens wieder einigermaßen ansprechbar. Er erinnerte sich ja sogar schon wieder an seinen Namen! Mami lockte ihn weiter, aber er blieb immer noch stehen, wo er stand, und schaute nur interessiert zu uns herüber. Da sprang der sich von hinten leise heranpirschende Opa mit einem Riesensatz nach vorne und begrub den völlig Verdutzten unter sich. Pech, dieser hatte direkt hinter einem riesigen frischen Fladen gesessen und wir hörten es bei Opas Aufprall dann schon bis hierher satt schmatzen … Tja. Als er Opa im Dreck liegen sah und der unsägliche Köter dann auch endlich wieder sein Maul hielt, verlangsamte der Bulle sein Tempo und drehte dann entspannt wieder ab. UFF. Gollenberg, Sonntag, 23. Juni, 13.30 Uhr, alles im Normalbereich.

Kündigung bei den Fahrbaren Freunden

Obwohl es so lustig gewesen war und wir alle so viel Spaß hatten, sagte Mama nach einiger Zeit, dass sie das nicht mehr wollte. Sie war ja nie so *ganz* begeistert gewesen, wie sie mir dann verriet. Zuviel Vereinsmeierei, Getratsche, Geklüngel und Geläster untereinander: »Hast du schon gehört – und die immer – und du glaubst nicht – was die jetzt wieder gemacht hat …!« Und abends klingelte dann auch noch das Telefon: »Hast du gesehen – weißt du schon – Blablabla …« So was mochte Mami gar nicht. Und ihr gefiel auch nicht so gut, dass die da fast alle über 20 Jahre älter waren. Und sogar die Hunde fand sie teilweise nicht ganz so toll. Die taten draußen immer so freundlich, aber drinnen schnappten sie dann plötzlich nach mir …! Und die Menschen hatten wohl offensichtlich teilweise keinerlei Ahnung, denn die waren für den anspruchsvollen Job da oft erstaunlich schlecht erzogen, also die Hunde meine ich …

Mami war sogar einmal mit mir auf einer neuen Station gewesen, das waren schwerstdemente Senioren und keiner hatte sich nach der Begrüßungsrunde jemals wieder um uns gekümmert. »Gehen Sie halt in die Zimmer …!« Aber das fand Mama nicht in Ordnung. Zumal die da alle so schwerstdement waren, dass die sich teilweise richtig doll erschreckten, wenn wir dann reinkamen. Einfach weil die sich gar nicht mehr daran erinnerten, dass ich sie ja besuchen sollte! Die besten Fälle fragten noch: »Was ist das für ein Hund …?« »Ein Mops.« »Ich hatte früher mal einen Pudel! Was ist das für ein Hund …?« »Ein Mops.« »Ich mag Hunde! Was ist das für ein Hund …?« Aber es gab auch andere, die waren richtiggehend böse. Die hatten sogar schon mit ihren Füßen aus dem Rollstuhl nach mir getreten und wollten mich wirklich treffen! Dabei riefen sie hassig: »Drecksbiest! Töle! Stinktier! So was darf hier gar nicht rein! Hier ist es verboten für so dreckige Gulli-köter!« Das musste ja nun wirklich nicht sein, fand Mami. Und schon gar nicht, weil wir hier ja einige Stunden un-entgeltlich versenkten und noch eine stressige Fahrt hat-ten! »Scheint so, als würde der wahre Kern des Menschen zum Vorschein kommen, wenn er sich schließlich selber vergisst …«, meinte sie nachdenklich.

Dann hatten wir noch mal einen Termin für ProSieben in einem Kindergarten. Calimero musste unbedingt da-bei gewesen sein, weil er ja so süß sei. Naja. Aber es gab vorher so viel kräftezehrendes, organisatorisches Tam-tam, dass Mami schon genervt war von dem Termin. Und als es dann *endlich* so weit war, wollte gar keines von den Kindern mit dem kleinem Calimero spielen, weil die Vorsitzende immer nur ihre eigenen Hunde in die Kamera schob … »Das hätten wir uns mal absolut sparen können! Wir waren original nur als Staffage für das Gruppenbild da!«, motzte Mami und zog dann den Schlussstrich.

Päsä

Sara sagte: »Arrmär Kalliemärroo! Muss so hart arbeitän für sein Fresschän! Muss Ö unbewäglich stehän und apportierän und stramm marschierän, wie ien där Fremdänlegion!« Ja, genau! Ruft Amnesti Mopsonational! Andererseits: Für ein bisschen rohes Rindfleisch laufe ich doch sogar noch freiwillig im Stechschritt und Imponiertrab bis nach Meppen! Habe einen neuen ungarischen Kosenamen bekommen: Calimertschi. Auf ungarisch dann: Kalliemäärrtschieh. Das gefiel mir sofort! Heute Nahkontakt mit der Päsä-Katze! Ich hatte auf dem Sofa geschlafen neben Mama und *dann* kam die dicke Päsä vorbei … Der fand das zum Beispiel total cool, wenn ich schnarchte, kam er immer so weit ran, dass er es beim Schlummern hören konnte. War wohl so eine Art sehr lautes Schnurren, dachte ich mir … Und die Päsä hatte sich heute wirklich, ohne zu fackeln, einfach neben mich Schnarchwurm hingekuschelt! Und ich hatte mich ganz lang und dürr gemacht. Mami sagte wieder: »Ah! Sie sehen: die Spaghetti-Stellung! Hier wird heute wild spaghettiert!« Dann habe ich meinen Rücken und mein Köpfchen an ihr Bein gedrückt und die Miezekatze ist an meinem Bäuchlein liegen geblieben. Das war ja *so* flauschig! Vielleicht werden wir ja doch noch Freunde …? Ich lernte auf jeden Fall wieder intensiv Perserisch! Wenn die Miezekatze mit wedelndem Schwanz und großen schwarzen Augen dasaß, wollte die nämlich gar nicht mit mir spielen! Ganz im Gegenteil, komischer Dialekt! Die war dann sogar total genervt von mir! Und wenn sie mit wedelndem Puschelschwanz weghoppelte, wollte sie nicht gejagt werden, sondern war *schon wieder* total genervt, sogar noch mehr, sonderbarer Akzent! Und wenn die mit schiefem Kopf guckte und das Gewicht auf die eine Pobacke verlagerte, dann wollte sie mir eine reinknallen ... Einfach so, nur weil ich auch da saß! Also, ich fand ja, Katzen waren auch etwas doof ...

Geraspelte Nerven

Unglaublich! Mama hatte sich bei Zucht-Mama schon wieder über mich beschwert! Ich hatte es nur wieder *ganz zufällig* mitgekriegt! Sie hatte über mich geschrieben: »Wir sind da emotional wohl nicht sehr belastbar und haben, was Molli angeht, eine auffallend geringe Frustrationstoleranz! Vom Mopskind wird er zum Schrei-Äffchen und über den Kakadu dann zurück zum strampelnden und laut heulenden Wutbeutel!« Ach, das ist doch wieder alles gelogen! Ich bin eine wahre Rossnatur! Mich brachte nun wirklich nichts aus der Ruhe. Baustelle?! Wau, ich liebte Krach und große Maschinen! Ich musste dann immer anhalten und lange zugucken. Das hieß: sitzen, Hals langmachen, Köpfchen schief halten. Und weiter unterwegs suckelte ich die ganze Zeit auf irgendwas herum … Die Inspektion meines nur sehr widerwillig geöffneten Mäulchens zeigte: Wir hatten uns ein Steinchen als Souvenir mitgenommen. Und das lutschten wir jetzt unterwegs gemütlich auf, ungefähr wie ein Bonbon. Mama total unbegeistert, Calimero lachte. Treppen hasste ich vielleicht, also *das* konnte schon sein! Schon vom bloßen Sehen *konnte* es schon auch mal zu infernalischem Geschreie kommen … Und sei es auch nur ein kleines Angebot gewesen, doch einfach mal probehalber näher zu treten. Ich bewegte mich eben einfach nicht gerne unfreiwillig. Und Höhenluft war doch auch gar nicht gut für Möpse! Ach ja, Autofahren fand ich ja auch kacke. Und Metalltüren, Tiefgaragen, Treppenhäuser, Spiegel. Aber Fahrstühle und Rolltreppen zum Beispiel bestieg ich doch mittlerweile ungebeten und völlig ohne Schulterblick. Sogar schon ganz ohne zu stolpern und mich drauf langzumachen …

Tja, das Kakadu-Gekreische. Aber Mama hatte vielleicht auch nur die schwächeren Nerven, nicht ich! Ich schrie eben einfach gerne mal! Und wenn ich, nach der bereits schon völlig eskalierten Begrüßung mit Molli, an den völlig ineinander verknoteten Leinen, dann auch erst noch *warten* musste … Warten, bis diese Leinen dann *endlich* wieder von Mollis dickem Hintern, von meinem Hals, aus meinen Beinen, aus Mamis Beinen, aus Saras Beinen, aus irgendwelchen Pollern oder Fahrrädern, aus meinem Mäulchen … und so weiter befreit sind … Dann konnte man ja wohl auch kurz zwischendurch mal die Nerven verlieren und etwas rumkreischen! Immerhin dauerte es zumeist mindestens endlose *zehn* Sekunden lang! Und es dauerte dann meistens auch tatsächlich mindestens schmerzhafte *dreißig* Sekunden lang, weil ich einfach die ganze Zeit über nur verrücktspielte! Aber ich rief doch nur klar und deutlich: »Mooollliii, reeettteee miiich!!!« Und Sara schrie auch noch die ganze Zeit dazwischen: »Ooohhh Kallimärroo! Iech liebäh diech, du biesst so süss!!! Biesst du schon wiedär gewachssän?« *küss!*küss!*küss!* Ich roch dann noch nach Stunden wie von Douglas! Und der Zahnarzt schrie oft auch noch mit rum: »Hadservus Kalliemärroo! Hadservus Kalliemärroo! Jahadservus!!!« Genau, alle schrien da irgendwas, nur *ich* durfte das wieder nicht!? Kein Thema: Ich schrie hier auch mit! Und dann der Abschied: Kreisch, the return of the Killer-Kakadu! Aber ich *wollte* eben nicht da weg! Ich *wollte* eben, dass alles immer genauso schön blieb, wie es jetzt gerade war! Ich war *jetzt* vollkommen happy und dann wurde mir das weggenommen und ich sollte kampflos weggehen!? Ich *wollte* da aber nicht weg! Da konnte man doch wohl hinterher auch mal ein bisschen geraspelte Nerven haben …!

Hallo arme Mama von Fäkalini,

ich sitze hier und reibe mir gerade die letzten Lachtränen aus den Augenwinkeln. Herrlich!!! Was soll ich dazu sagen: Er ist ja wirklich ein schlaues Kerlchen, nur sollte er das anderweitig ausleben. Manchmal dachte ich schon, das ist gar nicht mehr ›Caramba Caracho‹, der Mops! Nein, der ist aus Versehen irgendwo vertauscht worden und ist jetzt ›Spike‹, der Terrier …?! Tja, die Sache mit Mollis Mama und dem Calimero ist wohl weniger eine Trotzreaktion, eher gehe ich mit der Annahme, dass Calimero von Ö schwerst (!) betüdelt wird! Und der genießt es auch in vollen Zügen …! Bei Mama Nicci gibt es mehr Verbote, mehr Strenge und viel mehr Konsequenzen als bei Mollis Mama. Er wäre doch nicht ein superschlaues Küken aus Palermo, wenn er das nicht sofort auch zu seinem Vorteil ausnutzen würde?! Es gibt leider nur zwei Möglichkeiten: Entweder er darf dort nur noch zusammen mit *Ihnen* hin und wird dann weiterhin dort erzogen und zur Ruhe gebracht. Oder zweitens: Sie ignorieren das ganze Getue und Gezeter danach! Und die dritte Option: Er darf eben mal eine Zeit lang *gar* nicht mehr dahin, weil Sie es eben nicht mehr aushalten, dass er damit offensichtlich noch nicht umgehen kann!

Wahrscheinlich überdreht er dann auch noch mächtig. Und wie bei kleinen, überreizten Kindern kippt die

Stimmung dann ja auch gerne mal in Hysterie über! Auch weil er *eigentlich* ja immer noch zwischendurch mal schlafen sollte! Aber dieser Ruhepunkt wurde wegen der ständigen Reizüberflutung dann verpasst! Er ist eben ein kleiner Knirps und reagiert so, wie es ihm impulsiv am logischsten erscheint: mit Geschrei und Krawall!

Viele Grüße von Zucht-Mama

Mama hat dankend geantwortet. Da stand aber auch wieder so ein komischer Satz drin: »Schon gut möglich, dass sich Caramba Caracho nach dem Männerabend im Sauna-Club, in der Hektik des Aufbruches, aus Versehen das falsche Fell gegriffen hat … Ebenfalls möglich, dass ein nackter Terrier dann eben notgedrungen in *seines* geschlüpft ist, das da ja noch am Haken hing … Aber dann muss der Charakter auch jeweils mit im Fell gesteckt haben: Ich erkenne ihn nämlich sogar dann noch wieder, wenn er gerade flippt!« Was soll denn das?! Und so ein Quatsch: Männerabend in der Sauna! Das weiß doch nun wirklich jedes Kleinkind, dass Hunde die trockene Luft da drin nicht abkönnen und alle nur im Dampfbad schmoren …!

Charisma

Ich machte jetzt mit Hingabe immer Youngster-In-house-Agility …! Ich kletterte mit Feuereifer (und für Leckerlis, aber das nur nebenbei) über und durch das Stuhlgestänge, robbte und tauchte unter Leisten durch, wie ein kleiner Delfin. Ich lief Slalom und Achten und war einfach ein ausgemachter Held! Außerdem sollte ich immerzu »Down!« machen … Das allerdings fand ich wirklich ärgerlich! Ich mochte das nicht, ich wollte das nicht, also *machte* ich das auch nicht, basta! Naaa guuut, für Leckerlis machte ich das dann und wann eventuell dann doch mal zwischendurch, quasi erzwungenerma-ßen, und auch nur aus Freundlichkeit …! Und ich stand auch jedes Mal sofort wieder auf! Das nenne ich mal schnell verdientes Geld! Nun lernte ich leider gerade, dass »Down!« auch noch liegen bleiben hieß! Wie schrecklich, denn das bedeutete es wohl leider ganz besonders … Es war aber nun mal eine Unterwerfungsgeste, denn wenn mächtige und schwerfällige Wölfe (wie ich) lagen, dann kamen sie in Bedrohungssituationen natürlich nur sehr schwer wieder hoch. Und die Bedrohungen in Mietwoh-nungen waren schließlich kaum auszumachen! Da lag man dann ungern erzwungenermaßen irgendwo einfach entspannt auf dem krümeligen Parkett rum. Oder noch schlimmer: womöglich noch kuschelig auf einem Fell-chen!? Wie gefährlich! Ich *wollte* das daher nicht lernen. Einfach auch schon deswegen nicht, weil ich das nie in meinem Leben brauchen würde! Ich *wollte* nicht liegen, nie, ich wollte immer nur Gutis fressen und *dann* rumlaufen! Oder noch lieber: Gutis fressen *beim* Rumlaufen! Molli konnte das doch auch noch nicht, obwohl die satte vier Monate älter ist. Warum sollte *ich* das also dann können müssen …? Soll ich dann mit Molli zusammen rumliegen, wenn Gefahr droht, oder was?!

Calimero, der kleine Held, lernte doch sonst so viel! Ich hatte zum Beispiel meine doofe Angst vor Treppen überwunden und kraxelte jetzt sogar schon freiwillig und von ganz alleine in den ersten Stock herauf! Mal wieder leicht verdientes Geld. Aber wenn hier nicht *sofort* gezahlt wurde, ging der kleine Held auch nicht mehr weiter: Batterie leer, Akku leer, Sitzstreik! Und dann bitte Fahrstuhl holen, Mami … Auch wegen der empfindsamen Gelenke, ist klar.

Ich hatte außerdem schnell gelernt, dass es sich sehr lohnte, Mami immer im Blick zu behalten und sich auf sie zu beziehen. Wenn Leute draußen fragten, warum ein so *dermaßen* kleiner Winzling so *dermaßen* brav am Hosenbein klebte und immerzu zur Mami hochguckte?! Dann sagte Mami arrogant, das Geheimnis sei ihre höchst charismatische Ausstrahlung! Und ihr gutes Aussehen und, äh, Ding eben …! Naja, ließ sie dann ein, vielleicht läge es aber auch mit an dem getrockneten Hühnchen, mit dem ich unterwegs laufend belohnt wurde … Unwahrscheinlich, aber möglich.

Weckdienst

Der Abschieds-Kakadu ist übrigens immer noch meine *ganz* große Nummer, immerzu geraspelte Nerven täglich frei Haus für alle ...! Mollis dicker Hintern klebte währenddessen am Pflaster und bewegte sich keinen Millimeter weiter. Sie schaute mich immer ganz mitleidig an und versuchte mit mir zusammen die Stellung zu halten. Mama Sara zerrte sie weg, sie aber machte sich *ganz fett*, das sah richtig übel aus! War nichts von wegen: Dogge, Rassehund, Palasthund und Contenance! Einfach nur viel bockiges Fell mit Fett, das sich über das mittlerweile viel zu enge Geschirr in mächtigen Speckfalten nach vorne legte und über die faltige Stirn wallte. Und das Ganze dann mit besorgten Kulleraugen. Wenn Mama Sara Angst bekam, dass die Leine reißen könnte oder dass Molli einen Stein in den Hintern kriegte, kam doch wieder das gute alte Mama-Taxi. Molli guckte dann zu mir unglücklichem Schrei-Wurm runter und hing oben auf dem Arm wie eine zutiefst unglückliche Fellhandtasche mit Augen. Ein Drama, jedes Mal wieder so ein großes Drama!

Hinterher waren immer alle geraspelt, alle außer dem Zahnarzt. Der war der Einzige, der den Kakadu wirklich brauchte! Es stimmte also nicht, wenn Mami immer fluchte: »Das Geschrei braucht wirklich keiner hier!« Doch. Denn wenn Sara rausging mit Molli, legte er sich in seinen Massage-Sessel und schlummerte darin ein. Er stellte sich aber keinen Wecker mehr, seit der Kakadu hier wohnte. Brauchte er auch nicht, denn er hörte ihn ja kostenlos jeden Mittag aus vollem Halse kreischen, wenn Sara mit Molli zurückkam! Bis ins Hinterhaus war das klar und deutlich zu vernehmen, trotz Straße dazwischen, trotz Doppelscheiben, trotz geschlossenem Fenster! Ich war ja *so* toll!

Und ich war jetzt stubenrein zu fast 90 Prozent … Es kam zwar immer mal wieder zu kleineren Ausbeißern, aber immer nur in fremden Häusern, und das gilt dann ja dann nicht als Fehltritt! Ich kriegte einfach mit einem fremden Wohnungsgeruch den Pi-Krampf und legte, trotz langem Gassi vorher, immer noch gerne mal kleinere Ural-, Boden-, Platten- und sonstige Seen an. Als Visitenkarte für die Staubmilben. Keiner böse. Naja, keiner außer Mama! Die würde nämlich den alten gelben Stinkelappen wirklich mal gerne an der nächsten Biegung für immer begraben können.

Oh, und ich lernte das Apportieren! Ich hatte einen neuen neon-orangenen Pingpong-Ball und über den stülpte ich mich komplett mit meinem Mäulchen drüber. Dann brachte ich den in der Wohnung zu Mami. Jetzt übten wir: »Bring Schuh!«, und ich schaffte es sogar schon, die Gummilatsche zu schnappen und zum Sofa zu schleifen. Leckerlis für aaallleee!!!

Älläfantt

Heute war ich endlich mal wieder bei Molli zuhause und habe ihre Spielbox geplündert! Zuerst fand ich einen Rest-Lammkauschuh mit Pansenfüllung, hat *der* lecker gestunken! Den habe ich mir gleich gegriffen, bin in Mollis Nest gestürmt, habe geknurrt und Sachen gesagt wie: »Ich fresse deinen Kauschuh, ich sitze in deinem Nest, voll auf deinem Spielzeug drauf, vielleicht pupse ich sogar auch, also fass mich besser nicht an, sonst Laffka!« Nur gerecht. Molli hat geschaut und fand das alles gar nicht *so* lustig. Irgendwann war dann der Kauschuh plötzlich weg! Ich persönlich hatte ja wieder Mami in Verdacht, dass sie ihn selber gegessen hatte … Dafür hatte ich aber lange in Mollis Spielzeug rumgewühlt, denn vielleicht waren da ja noch mehr Schätze? Und als ich Mama entgegenkam, konnte sie prompt nicht mehr. Denn ich kleiner, schwarzer Typ hatte einen geblümten rosa Schnuller im Mäulchen stecken und suckelte glücklich darauf herum. Alle spielten mal wieder verrückt, weil ich so dermaßen niedlich war!

Dann wurde es aber mal ganz blöd! Sara zog mir einfach Mollis Welpenkleidchen an! Pinkfarbener Nickysamt mit Glitzerkrönchen, und auch noch mit einem affigen Röckchen hinten dran! War ein Geschenk, das sagte Sara jedenfalls zu ihrem Schutz. Aber Molli war zu schnell zu groß geworden für das doofe Kleidchen. Also *zu fett*, wenn ihr mich fragt. Dann war auch noch eine dämliche Kapuze dran, ich sah in dem peinlichen

Fummel original aus wie Zwerg Aldi und Wichtel Edeka in einem einzigen Mops! Molli lachte sich schief über mich und war nur froh, dass sie sich aus dem peinlichen Teil schon so erfolgreich rausgequollen hatte! Fand *ich* aber gar nicht lustig, denn ich wurde so auch noch fotografiert, wie peinlich ist *das* denn bitte?! Ich konnte ja dazu später nicht mal sagen, dass ich jung gewesen war und das Geld gebraucht hatte! Aber dann hatte Dogbert endlich zuhause das blöde Pulli-Kleidchen angezogen gekriegt. Dogbert sah wirklich putzig darin aus, es stand ihm auch farblich gut! An der Kapuze konnte ich ihn jetzt sehr gut herumschleifen, wenn ich unter Aufsicht endlich wieder mit ihm spielen durfte!

Molli konnte jetzt auch »Gib Pfoti!«, das hatte ihr aber *meine* Mami beigebracht. Sara sagte, sie hätte selber leider keinerlei Fantasie für so was. Wenn Molli Pfoti gab, sah das immer aus wie ›Dreiliter!‹ oder ›Heilt Hitler!‹ Denn sie riss schwungvoll die Pfote hoch, drückte den Rücken gerade, saß stramm wie ein Soldat und hielt den rechten Arm steil seitwärts weit von sich. Dabei schaute sie dann durchdringend und ernst, bis endlich mal was gezahlt wurde. Mami lachte sich scheckig darüber und sagte zu Molli: »Ja, wie grüßt der altdeutsche Hund???« Sara sagte nur immerzu: »Kalliemährroo, was biesst du nur so schlank! Moolliiee, guuckst du maal, du biesst ain Älläfannt …!« Alle mussten schrecklich darüber lachen. Als sie sich beruhigt hatten, sagte Sara todernst: »Wänn wier zusammän gehän, sieht Moolliiee immärr auss wie ain dieckär Knödäll – und Kalliemährroo sieht auss wie ain Wurrst, was war zu langä auf däm Feuärr …!«

Lesehunde

Die Fahrbaren Freunde sind ja jetzt weg, aber wir wollten trotzdem noch gerne etwas Soziales arbeiten und sind dann bei einer Schwester davon gelandet, den sogenannten Lesehunden. Das ist eine Idee aus England (~ The Reading Dogs), die Kindern mit Leseschwäche anbietet, doch einfach einmal zum Spaß Hunden etwas vorzulesen. Denn Hunde hörten gigantisch gut zu, rümpften nicht die Nase und sagten dann: »Das ist aber falsch!« oder »Streng dich endlich mehr an!« oder »Du wirst das niemals lernen!«. Wir Hunde saßen einfach nur da und guckten interessiert, ließen uns tätscheln, hörten ganz still zu und sagten gar nichts. Und das Kind bekam wieder mehr Mut, machte weiter, entspannte sich und wurde dann erwiesenermaßen wirklich langsam immer besser im Lesen! Das war eine schöne Idee, fand Mami. Am wichtigsten war das für sogenannte Migrations-Kinder, das waren Schulkinder aus ausländischen Familien. In diesen Familien wurde zuhause leider niemals Deutsch gesprochen und schon gar nicht Deutsch gelesen. So konnte das Kind niemals üben oder nachlernen, weil es niemand korrigieren oder anleiten konnte. Und diese Kinder bekamen dann lauter schlechte Noten und waren frustriert. Nicht weil sie dumm waren, sondern weil ihre Familien nicht Deutsch lernen konnten oder wollten.

Und so sind wir dann also bald schon zum ersten Einsatzort gefahren. Wir trafen uns am Bahnhof mit einer

Frau, die das schon länger machte. Ihr Hund war sehr groß, grau und struppig. Auf dem langen Weg von der S-Bahn zur Schule zog Mami schon wieder mehrfach die Augenbrauen hoch und fand die Performance nicht so besonders gelungen. »Der Bandito kommt von einer Tötungsstation aus Spanien!«, sagte das Frauchen anstatt einer echten Begrüßung todernst zu Mami. Und ich dachte bei mir: »Tuppi ist zurück! Tuppi hat jetzt einen Penis! Tuppi ist überall …« Das Frauchen sagte verliebt: »Bandito ist ein absoluter Freigänger, den kann nichts aufhalten!« Somit scherte sich Frauchen auch den Krümel darum, dass ihr absoluter Freigänger 300 Meter vor ihr kreuz und quer völlig rücksichtslos über den Gehsteig schnüffelte. Alle Leute mussten ihm ausweichen, doch er blickte nicht mal hoch. Sie ignorierte auch, dass er dabei dann einen Kinderwagen anrempelte und zwei Kinder total erschreckte, als er um die nächste Kurve schoss. Frauchen sah das alles total entspannt: »Der macht *gar* nichts! Der ist einfach nur *total* frei! Der *braucht* das einfach so!« Bandito bog gerade weit vor uns um die nächste Ecke und geriet damit völlig außer Sicht. »Das ist ja dann ein richtiger Stadthund, wie man ihn gerne sieht!«, sagte Mami, als sie um die Ecke Unruhe hörte. Jemand plärrte ärgerlich herum, es ging um irgendeinen Köter. »Ja, genau!«, sagte das Frauchen total glücklich. Als wir dann auch *endlich* mal um diese Ecke bogen, stand da ein atemloser und ärgerlich aussehender älterer Mann. Er zeigte mit dem Gehstock auf Bandito, der gerade selbstbewusst schon wieder um die nächste Ecke bog. Er stotterte aufgeregt: »Ist das *Ihr* Hund da vorne?! Der hat mich doch glatt gerade mit voller Wucht …« »Ja, ja!«, trällerte das Frauchen »Der macht aber *gar* nichts! Der will *nur* immer frei sein!«, rief sie glücklich beschwingt über die Schulter zurück. Mir fiel auf, dass sowohl ihr Freigänger als auch sie selber in völlig anderen Welten lebten als Mami und ich. Und auch, dass es zwischen diesen Welten scheinbar keine echte Verbindung gab … Sie hörte sich weder an, was der Herr zu sagen hatte, noch dass es sie überhaupt auch nur ansatzweise interessierte, dass ihr toller Freigänger unterwegs Ärger für Passanten bedeutete. Sie schritt nur weiterhin schwungvoll aus: »Er ist wirklich ein *reiner* Engel!«, zwitscherte sie glücklich. »Na, Volltreffer …«, sagte Mami leise zu mir. Und da hatte sie Recht, wie sich dann leider auch schnell zeigte.

Draußen hatte sich Bandito für nichts als sein Freigängertum interessiert, aber *kaum* setzte ich auch nur eine einzige Pfote auf den gruselig-glatten Steinboden in der Schule, hatte er sich auch schon umentschieden und schnappte böse nach mir. Er knurrte, stellte die Haare auf und benahm sich fortan sehr unappetitlich. Frauchen registrierte das alles überhaupt nicht, oder es interessierte sie nicht, denn Bandito war ja ein *absoluter* Engel! Und der machte ja nichts, selbst dann nicht, *wenn* er auch gerade ganz offensichtlich mal was machte …

Es hatte für Mami so geklungen, als sei dort alles arrangiert, vielfach erprobt, abgesegnet, geschätzt und genauso auch gewollt … Das war dann aber leider gar nichts davon!

Denn es dauerte ewig, bis wir überhaupt mal die

Verantwortliche fanden. Diese hatte auf die ganze Geschichte ganz offensichtlich *überhaupt* keine Lust und machte daraus auch keinen Hehl. Sie zeigte uns muffelig ein ungepflegtes Klassenzimmer. In der einen Ecke sollte Bandito arbeiten und in der anderen, in unmittelbarer Hörnähe, dann ich. Das ging dann leider aber nicht, denn kaum war der reine Engel in einem Zimmer, war es vorbei mit: »Der tut ja gar nix!«. Er knurrte bösartigst und schnappte ununterbrochen nach mir. Der war jetzt richtiggehend wütend, wirkte auf mich gefährlich und das konnte ich überhaupt nicht ab! Also bellte ich aus Leibeskräften los und konnte mich auch nicht mehr beruhigen.

Die Kinder drängelten sich dann plötzlich in ganzen Trauben aufgeregt ins Zimmer, völlig ohne Aufsicht. Sie wollten natürlich die Hunde sehen, sie wollten die Hunde kennenlernen, sie wollten die Hunde streicheln und sie wollten den Hunden etwas vorlesen dürfen! Und vor allem wollten sie alle drankommen, am liebsten alle gleichzeitig! Calimero war schon ganz am Ende von soviel Tumulten, Geschrei, Gerangel, Gekloppe und Gedrängel … Die andere Frau hatte sich einfach mit ihrem Freigänger in die von der Tür am weitesten entfernteste Ecke gesetzt, einen Tisch umgekippt und sich mit ihren, ihr schon bekannten, drei Kindern ins Buch vertieft. Der ganze andere entfesselte Rest war dann vorne an der Eingangstür bei uns und randalierte dort nach Herzenslust. Mami war jetzt auch schon erschöpft. Eine Viertelstunde war nun bereits vergangen in diesen planlosen Tumulten und keinerlei Unterstützung war in Sicht!

Der Frau vom Freigänger war das aber alles völlig egal. Sie ignorierte uns sogar dann noch, als wir mal höflich über den Tisch anfragten, wo wir unsere Kinder jetzt herbekämen und wer hier mal für Ruhe sorgen würde?! Sie zuckte gleichgültig die Achsel und machte ärgerlich: »Psssttt!« Dann gingen wir selber los und suchten diese angepestete Verantwortliche. Wir durften, erst nach einem gepfefferten Verweis auf unser ehrenamtliches und bestelltes Hiersein, in ihrem Zimmer arbeiten. Drei kleine Migrations-Kinder kamen herein und die wollten *sofort* einem kleinen, völlig erschlagenen, deutschen Hund vorlesen dürfen! Also lasen die kleinen Jungs mit Feuereifer und rissen sich nach jedem Satz das Buch gegenseitig aus den Händen! Und jeder, der einen Satz gelesen hatte, streichelte den total kaputten Calimero, der in der Mitte lag und sich gerade ganz weit wegwünschte. So lasen die drei abwechselnd Calimero das ganze Büchlein vor: »Wer hat dem kleinen Maulwurf auf den Kopf gemacht?« Eigentlich handelte es ja von einem Thema, das mich immer sehr interessierte, aber heute verstand ich gar nichts mehr. Die Kinder lasen sehr gut und sie waren dabei auch sehr entspannt. Nur etwas im Stress, weil ja jeder am liebsten immerzu nur alleine lesen wollte! Und die angepestete Lehrerin dröhnte dann auch noch dazwischen: »Panja, das heißt gegangen, nicht gegeht …!«, und Mami dachte nur: »*Das* darf dann aber jetzt echt nicht wahr sein hier!« Als die Stunde endlich fertig war, nach zwei Gruppen von je drei aufgeregten Kindern, war sich Mami schon sicher: Nie wieder Lesehunde!!! Mir war das mehr als recht.

Ja, James Dean hat alles nötige dabei...

Miez und Mops

Calimero war ja ein Staubsauger vor dem Herrn und liebte Fussel einfach über alles! Wenn Mami aufkehrte, lief ich immer hinterher und stürmte sofort jeden Haufen, auch von wegen der Kothygiene! Und dann hoppelte ich mit der Beute weg, hirr! Wenn Mami mir dann begegnete, war schon wieder Weihnachten und ich trug einen Bart aus Katzenhaaren. Das fand ich einfach *zu* komisch! Leider fand Mami das aber immer noch nicht so toll, weil ich dann über kurz oder kürzer jedes Fusselbällchen sofort und ohne Federlesens auffraß. Sie glaubte immer noch, das könne nicht so besonders gesund sein, sie hatte scheinbar immer noch nichts über Kotvolumen gelernt! Mir war das sowieso alles egal: Fussel sind voll lecker!

Ich hatte jetzt irgendwelche komischen Pickel am Schnäuzchen, keiner wusste woher. Züchter-Mami sagte dazu: »Möpse haben ja ganz gerne mal komische Pickel im Gesicht! Man kann eine Salbe gegen gegen Herpes-Viren drauftun oder auch Penaten-Creme!« Das hatte Mami dann sofort gemacht und es war dann sogar alles schon über Nacht verheilt. Ich hatte ja Gott sei Dank zumeist das Gemüt eines Ambosses: Dann hatte ich eben komische Stinke-Creme am Mund, na und …

Ja, wem sah ich denn nun ähnlich, fragte ich mich jeden Tag … Es war ja sehr schwer, mich mal richtig anständig zu fotografieren. Man erkannte auf den Bildern selten, wie ich in echt aussah: Entweder war ich immer in Bewegung, oder ich war doch irgendwie wieder zu dunkel geraten. Angeblitzt sah ich sehr komisch aus, fast wie ein Doofi, jedenfalls sehr fremd! Mama sagte immer: »Du siehst original aus wie deine Mama!« Die Züchter-Mama sagte: »Doch, das würde ich auch sagen! Den Springfloh und das Sportliche hast du von deiner Mutter, das Buddhistische auch und das gute Aussehen natürlich sowieso! Den Charme, das Machotum und das Aufgezwickte hast du von deinem Vater, auch die Unternehmungslust, das Nicht-Kauen und den Entdeckermut! Das dauernde Vor-sich-hin-Geschmatze und An-sich-rum-Gelecke kommt sicherlich von deinem Urgroßvater, dem Brad Pitt unter den Möpsen! Dem siehst du übrigens auch mittlerweile etwas ähnlich! Aber diese hysterische Kreischerei hast du eindeutig von deinem Opa! Dieses akustische Halloween ist auch mir wohlbekannt, leider!«

Unarten wurden hier übrigens auch schon geteilt zwischen Miez und Mops, nicht nur Gutis und Fellknäule! Ich lernte eifrig Miezisch, aber der Perser lernte mittlerweile auch Mopsisch. Er hatte seinen Lebensstandard deutlich gehoben, denn er fraß nicht nur meine Leckerlis kräftig mit, sondern bearbeitete sogar schon eigenständig meine Kausachen. Während ich dann an hartem, breitem Rinder-Dörrfleisch arbeitete, nagte er, wie ein alter Hofhund, wie selbstverständlich am Hunde-Grissini …! Und er machte seine Sache wirklich schon ganz gut für eine Katze! Der Kleine Kater Wucki schlief zumeist und kümmerte sich nicht viel um mich, er war auch schon etwas älter und hatte am liebsten seine Ruhe oder lag irgendwo in den dicken Perser verknäult. Der verstand jetzt auch meine Spielaufforderungen schon ganz genau! Dann hoppelte er manchmal weg und ich konnte hinterherhoppeln, mit Kakadu und allem! Fand der Dicke mittlerweile *voll* lustig, sprang immer auf den Stuhl hoch, grinste zu mir runter und pulte blitzschnell an meinem Köpfchen herum! Und ich habe auch etwas Neues gelernt von ihm. Der Perser rannte nämlich immer einmal im Kreis durch die Wohnung, bevor das Essen serviert wurde. Ich hatte keine Ahnung, warum er das immer so machte, und er selber wohl auch nicht so genau, vermutete ich mal. Vielleicht ein Krampf? Wenn das Essen dann immer noch nicht im Napf war, ging er sogar *noch* eine Runde und watschelte wieder gemütlich durch Küche, Esszimmer, Wohnzimmer, Flur und zurück. Jedenfalls dackelte der Mops dann jetzt auch immer hinterher! Der wusste aber auch nicht so genau, warum er das eigentlich machte. Tiere lieben nun mal Rituale und keiner liebte Rituale so sehr wie ein Mops! Und wenn das Ritual auch irgendwie doof war, Hauptsache war doch, dass man sich immer drauf verlassen konnte!

Mittlerweile stürmte ja sogar *ich* schon als Erster aus der Tür und drehte mich dann immerzu, schon total blöde auf und ab hoppelnd, um, ob der fette Perser jetzt mal hinterherkam! Dann ließ ich ihn mich treudoof überholen, latschte ganz langsam hinter ihm her und nahm erst im Flur wieder Fahrt auf, um dann *doch* wieder als Erster in der Küche zu sein. Das nenne ich mal Teamwork!

Biafra

Wusstet ihr eigentlich, dass der Übergang von Nutz-Tier zum Schmutz-Tier nur sehr marginal ist?! Zumeist nahm ja ein gewisser kohlschwarzer Typ am liebsten sein Bad in der Menge, im Pulverschnee oder unter dem warmen Urinstrahl großer Rüden. So ein kostenloses Urea-Finish lässt man sich doch nicht entgehen. Das bringt Glanz ins Fell, ist gut gegen Trockenheit oder Schuppen und macht einen so frischen Geruch. Den kann man zuhause dann noch ganz gemütlich weiterbearbeiten.

Heute hatten wir an der Spielwiese dann dankenswerterweise, wegen des tagelangen Regens, anstatt eines Weges nur noch einen schlammigen Lehmpfad. Ja, und ich hatte dann einen kleinen Schwächeanfall, weiß ja auch nicht … Brach mitten im Weg plötzlich zusammen! Dann sah man mich leider nur noch kopfüber im Schlamm herumkugeln und ich trug auf breiter Fläche kurz mal Panade auf. Komplett! Hinterher stand ich grinsend und atemlos im Schlamm: durchgesträhnt wie David Bowie. Sogar die niedlichen Knopfohren! Alle lachten. Alle außer *einer*. Die dachte an ihr weißes Sofa, an ihren weißen Wollteppich, an ihren weißen Sessel, an ihre weißen Nerven … und an ihren Dampfreiniger!

Hatte meine mickrigste Phase jetzt hinter mir, da setzte wohl so gar nichts an zwischen vier und fünf Kilo! Wie sagte Sara immer: »Moolliiee, duu biesst ain Älläfannt!« Dagegen war Calimero dann wohl Münchens Antwort auf Biafra. Zuerst kümmerte ich nur so vor mich hin und schoss rasant nur immer in die Länge, wie ein Dackel. Dann ganz plötzlich auch in die Höhe. Das sei dann wohl die klassische »Insekten-Phase von Jung-Hunden«. Und ich sähe ungefähr so aus wie ein seltsames Krabbeltier aus dem All, sagte Mami damals. »So eine Art Mars-Spinne mit Nasenfalte, Ringelschwanz und Hängeöhrchen!« Jetzt, aber wirklich nicht besonders eilig, wurde es dann langsam mal ein bisschen kompakter mit mir. Besonders die Brust wurde sichtbar etwas breiter, hatte sogar schon diese schönen Fellwirbel. Und hinten zeigten sich kräftige und muskulöse Hinterbacken und eine richtige Sanduhrtaille. Ich war eben einfach eine schlanke Sorte! Aber ich hatte ja auch viele Muskeln. Doch wenn man in mich hineinknautschte, hatte man trotzdem die ganzen Hände voller loser, fester Falten: ganz genau so wie das hier sein sollte! Endlich wurde ich ein richtiger Macho!

Versuchte also mich auch immer schon mal ganz klassisch hinzusetzen: auf eine Pobacke, mit toter Pfote in der Mitte. Dann quetschte es sich hinten alles ein bisschen über der Schwanzwurzel und ich kriegte die Traum-Figur einer reifen Aubergine! Ach ja, und ich hatte auch schon einen prächtigen Kragen! Der lappte über dem engen Pullikragen machomäßig raus, so was von cool! Wenn ich Zeit hatte, arbeitete ich auch noch intensiv an dieser süßen Speckfalte direkt über dem Schwanz weiter. Wenn ich Männchen machte und mich am Rücken durchdrückte, wellte es sich dort sogar schon etwas! Wir hatten neulich mal wieder Bonni-Mama getroffen und die erzählte dann, dass Bonni im Moment so dermaßen fett sei, dass sie beim Männchenmachen von ihren Po-Speck-Falten glatt nach hinten gezogen würde und dann schlicht wie gefällt umfiel! Jedes Mal ein Riesengeschrei! Klar, ein echter Mops würde so eine saubere Gelegenheit zum Gekreische nie verpassen: »Wer war das!? Was soll das!? Wenn ich den erwische!? Ich hab alles gesehen!! Polizei! Kakadu! Äh … egal jetzt!«

Kein Wunder aber auch, dass ich so schlank war, denn ich war ja ständig in Bewegung. Auch auf der Wiese rannte ich mit Chubby und Kumpels eine volle Stunde am Stück. Und ich sprang wie ein Weltmeister! Neben Kakadu, Aushilfs-Miezekatze und Rottweiler bin ich eben auch noch Floh, besonders unter dem Rennen: *sploing!* Und ich sprang jedem auf den Schoß, auch Fremden, die an der Wiese da auf den Bänken so vor sich hinsaßen: mit den üblichen, fliegenden Fledermausohren, aufgerissenem Mäulchen und einem riesigen Satz. Sah von vorne sicherlich zum Fürchten aus, ungefähr wie ein Gremlin auf Speed! Aaaiii, Carrrambaaa!!! Und immer wieder im Volltempo rauf aufs Sofa, am liebsten aus dem Galopp, direkt aus der Steilkurve – und wieder runter und schnell weiter …! Draußen: das gleiche Spielchen auf den Parkbänken, egal wer da alles drauf saß: rauf und wieder runter und wieder rauf … Mami sagte dann verschämt: »Haaalllooo, Calimerooo??? Das ist übrigens kein Mops-Trimm-dich-Pfad! Komm, friss doch lieber Matsch! Feeeiiinnn …!«

Strebär

Gewachsen wird dann übrigens gerade seit einiger Zeit fast täglich hier! Ich bin richtig kompakt geworden in den letzten zwei Wochen, die letzte Spiddeligkeit verlor sich jetzt vollkommen und ein echter Mops kam aus mir zum Vorschein! Dieses Prachtstück von einem Mops fand Baden allerdings immer noch genauso übel wie der putzige Welpe von neulich! Und den Föhn hasste er dann plötzlich auch von einem auf den anderen Tag. Warum? Was weiß denn ich?! Ich hatte außerdem alle Pfoten voll damit zu tun, mich zu gebärden wie irre! Dazu musste ich laut bellend im Kreis herumrasen und aus vollem Halse schimpfen und kreischen! Ich flutschte davon, floh höchst professionell und knurrte wie Bandito, wenn mich auch nur *ein* warmer Lufthauch streifte! Mami fand das auch noch wahnsinnig komisch, die ist dann wohl mittlerweile auch nicht mehr so leicht zu raspeln – schade eigentlich!

Aber im Moment wurde einfach alles immer hübsch mit der Pubertät schöngeredet! Das sei nur eine komische Phase und ginge, wie es gekommen sei! Pah, ihr werdet ja alle noch sehen! Ich zeige euch eine Phase von einem Jahrzehnt, wenn es sein muss! Denn ich werde auch von Tag zu Tag nicht nur immer doofer, sondern auch immer hübscher, unglaublich, sagte Mami schon wieder verzückt. Sie war ganz verliebt in mich Prachtstückchen. Und was ich ihr schon alles beigebracht hatte, echt jetzt, ich sag das nicht nur, weil ich mit ihr angeben will! Sie gab immer Leckerli, wenn ich draußen einfach mal vorbeischneite, ganz ohne Rufen, einfach nur um mal nachzugucken, ob es nicht vielleicht ein Leckerli gab. Sie zeigte jetzt einfach mit dem Finger neben sich und ich kam dann angerannt und setzte mich dahin: Immer gab es ein Leckerli dafür!

Ich konnte jetzt auch schon auf Kommando kriechen, es sah sicher einfach schreiend komisch aus, wenn ich dann auch noch meinen Pulli anhatte und auf das Kommando »Seeeaaargaaannnttt! Schnecke!« mit den Ellenbogen und lässig hochgerecktem Köpfchen vorwärts in Richtung Guti robbte! Und wenn Mami dann sagte: »Seeaargaant! Bewachen Sie den Gefangenen! Der ist mordsgefährlich!«, dann lag ich stocksteif vor dem Guti und starrte es bewegungslos aus ein paar Zentimeter Entfernung an – nicht dass der noch zuckte! Keiner verließ den Raum! Dann sagte Mami: »Seeeaaargaaannnttt! Exekution!«, und ich – naja, ersparen wir uns den blutigen Mittelteil. Wenn Passanten diesem geschmacksfreien Schauspiel zuzusehen gezwungen waren, sagte Mami routiniert: »Er gehört eigentlich zur Addams Family und deren Motto lautet nun mal: ›Wir verspeisen mit Vorliebe diejenigen, die uns zu bezwingen versuchen!‹ Alles klar?« Fragen hatte dann jedenfalls keiner mehr.

Und ich konnte sogar auch schon tanzen: auf den Hinterbeinchen rechtsrum und linksrum … Das soll ja nun mal wieder ganz einfach nur zum Schießen aussehen? Ich weiß von gar nichts, ich will ja nur das Leckerli haben! Mami sagte, ich sei ein Kuschel- und ein Strebär. Wasndattnuwieda?!

Flunder

Heute wieder mal Einsatz an der Shopping-Front. Soldat Calimero vermeldete Erfolg! Nach ca. 90 Minuten war ich aber dann trotzdem mit den Nerven etwas durch. Ich schaffte es dann in aller Regel zwar gerade noch einigermaßen wieder zurück zum Bahnhof, machte *spätestens* am Bahnsteig dann aber zwölfmal die Flunder. Sprich: Ich warf mich unter dem Gehen, vollkommen ohne erkennbaren Anlass, bockig und platt, mit allen möglichen Beinen in alle möglichen Richtungen, formlos auf den Bahnsteig. So brachte ich nun ja schon seit vielen Monaten regelmäßig alle da, außer Mama, zum Lachen … *Sie* war schon in der Bahn, Calimero flunderte derweil noch bockig etwas draußen vor der Tür herum. Warum? Was weiß denn ich?! Lästigerweise fand Mami, haute die schreckliche Flunder sich stets an den strategisch wirklich ungünstigsten Stellen rein. Immer direkt vor oder nach Rolltreppen. Direkt *auf* Rolltreppen, jedoch nur wenn sie schön voll waren. Direkt vor und nach Zugeinstiegen. Generell immer in allen Verengungen. Vor schweren Türen. Auch immer wieder gerne vor Garageneinfahrten, allerdings immer nur dann, wenn gerade einer rauswollte. Irgendwie jedenfalls immer schön mittendrin. Und egal wie viele Leute dann jeweils über mich drübersteigen oder um mich drumfahren mussten: ich spreizte mich voll rein, blieb da einfach der Länge nach liegen, auch gerne mal quer. Interessiert guckte ich dann all jenen nach, die über mich rüber und um mich herum eiern musste. Nicht alle von denen lachten mir zu!

Heute musste ich dann doch tatsächlich noch mal ganz kurz vor dem Bahnhof in so ein doofes Geschäft mit rein und flunderte irgendwann nur noch bockig herum, ungefähr alle drei Schritte. Mama ließ einfach entnervt die Leine los und sagte im Weggehen: »Dann eben nicht, schönes Leben noch! Schreib mir doch einfach mal ein Pi-Mail …« Da musste ich ja plötzlich *doch* wetzen! Aber als ich sie auf der Treppe eingeholt hatte, direkt schon Richtung Ausgang: Streik! Treppenflunder auf dem zweiten Absatz, gar nichts mehr zu machen! Mami war jetzt mittlerweile genervt, Stau hinter uns, wieder mal die Leinen los und Tschü-hüüüsss …! Als sie sich nach fünf Schritten umdrehte, war die Flunder weg. Sie ging zurück: ganz weg! Sie ging wieder runter: keine Flunder, nirgendwo! Sie ging zurück: nichts! Und vorsichtshalber ging sie dann noch weiter runter: keine Flunder, kein Mops, gar nichts mit Fell! Panik brach aus, selber schuld, aber echt! Plötzlich mal wieder: »Hilfe! Wo ist mein Mopskind hin?!« Die Leute lachten: »Hihi, so ein kleines, schwarzes Ding, sehr entschlossen und ziemlich glitzernd? Ja, das kam hier eben mit einer schleppenden Leine durch … Das ist sicherlich schon im Lokal vorne!« Und so war es auch. Als *sie* endlich dann atemlos angewetzt kam, kaute *ich* gerade gemütlich auf einem Zahnstocher unter einem der Tische. Der Herr hatte sie also *auch* mal ausgetrickst und der Bluff ging diesmal voll nach hinten los! Sie hatte ›Tschüss!‹ gesagt, aber gar nicht gemeint. Und ich hatte ›Tschüss!‹ wirklich gemeint, aber nichts dazu gesagt. Tja. *Ich* war für mich ja noch gar nicht verloren gegangen, daher war *ich* wohl auch verdammt entspannt. Hoffentlich merkte sie sich das jetzt endlich mal!

Flunder de luxe

Das mit der Flunder, der elenden, stresste Mami mittlerweile doch ziemlich am Gleis. Da wurde sie jetzt sogar immer schon beim fünften Mal ärgerlich drüber. Mir doch egal, ich mag schließlich Fisch! Und mein Lieblingsfisch war nun mal die Flunder! Aber Mami sagte immer nur, ich sei mittlerweile einfach zu alt für Schuppen, Plattfisch und Epilepsie! Fand ich aber *gar* nicht! Im Minimal-Tempo schlurften wir ja sowieso schon immer am Gleis dahin, mal bloß keine Hektik aufkommen lassen hier … Damit dem Mops nicht wieder unterwegs die Luft rauspfiff und er vor Schreck, als Manta für Arme, auf dem Gleisrand klebte! Nicht dass dann wieder ein komisches Geräusch mich so schockte, dass ich flugs zusammenbrach und einfach bäuchlings liegen blieb! Naja, das sind auf dem Weg das Gleis entlang innerhalb von sieben Minuten durchschnittlich gute siebzehn Zusammenbrüche. So ziemlich genau alle fünfundzwanzig Schritte einer. Bis ich endlich in der Bahn drin bin, sehe ich zumeist aus wie frisch vom Müll: staubig, voller Fusseln und angekrümelt.

Manchmal hatte ich mir im Kaufhaus, nach der durchschnittlich achtundvierzigsten Flunder, mit der Schleppleine (»Tschü-hüüüss!«) genügend Eierbecher angeschaut und ging langsam stiften. Mami sagte: »Äh-hem, das Rudel wäre dann immer noch *hier*«, und zeigte neben sich. Dann war ich ja zumeist noch gnädig und *sie* wollte wohl unbedingt auch ein Leckerli loswerden. Sie freute sich doch so! Aber kaum war ich wieder an der Leine, weigerte ich mich auch prompt die Beine auszufahren! Das *war* nun mal einfach so! Mami war heute nach der fünfzigsten Flunder so *dermaßen* genervt, dass sie mich das letzte Stück im Kaufhaus zur Rolltreppe einfach grob hinter sich herschleifte. Sie wartete nicht mal mehr, bis ich mich wieder daran erinnert hatte, wie man ging und wie man seine Beine wieder ausfuhr. Es machte daher auf jeder Bodenwelle *bladupp!*, aber ich stand trotzdem nicht auf! Ganz im Gegenteil, denn ich fand das ja auch noch *total* lustig, da auf dem glatten, staubigen Boden seitlich liegend zu rodeln! Die Leute haben sich einfach beölt vor Lachen, als sie sahen, wie ich bockig und steif liegend vorbeigeschleift wurde. Irgendwann drehte Mami sich um und: *Kreisch!* »Wie siehst *du* denn bitte aus?!« Naja, normal eben: die eine Seite schwarz in fusselig-staubig und die andere Seite komplett hertie-grau in fusselig-staubig! Sie schüttelte mich hustend aus und zwei Kunden fassten sich prompt ans Herz, so von wegen: »Oh, Erwin! Shocking, ich wusste ja gar nicht, dass er *echt* ist und gar kein Plüschtier …!« Klarer Fall, Erwachsene schleiften ja immer mal ganz gerne Plüschtiere an Swarovski-Geschirren durch die Geschirrabteilungen deutscher Kaufhäuser … Also unter uns, aber das fand selbst *ich* jetzt etwas doof und *das* wollte schon was heißen! Das fand ich sogar *so* blöd, dass ich mich endlich vor Schreck wieder daran erinnerte, wie man seine Beine ausfuhr, und auch prompt fehlerfrei benutzte …

Aber Mami war stinkig nach dem ganzen Theater heute und stritt mit mir vom vierten Stock bis runter ins Untergeschoss. So von wegen, sie hätte besser einen Goldfisch adoptiert, der mache sowieso von Haus aus nicht viel, aber *das* sei dann ja auch wenigstens keine Überraschung! Und Gassigehen müsste man mit dem dann nur mit seinem kleinen Glas auf einem kleinen Leiterwagen! Und die Flunder würde der auch nie geben, der sei immer nur mit Wonne Goldfisch! Etwas doof, aber Goldfisch! Da wisse man immer, was man habe! Aber so wie es jetzt gerade sei, ärgerte sie sich oft, dass sie nicht gleich einen alleinstehenden, möblierten Ziegenbock adoptiert hatte! Denn dann käme sie wohl immer noch weit schneller voran und wisse auch, dass so was dann ja auch immer mal zum Programm gehörte … Und so weiter.

Meisen-Crunchie

Ich habe einen neuen, wirklich nervenzerfetzenden Trick entwickelt! Mami wollte ja immer nicht, dass ich Sachen fraß, die *angeblich* nicht fressbar waren. Ich aber sagte dazu nur: Was weiß denn Mami, was alles fressbar war?! Ich war ein Mops, und ich sagte daher: *Alles* war fressbar, man muste es nur genügend wollen! Außerdem hatte ich meinem Kotvolumen gegenüber ja immer auch eine gewisse Verantwortung. Und ich nahm solche welterschütternden Vorfälle wie zu geringes Kotvolumen durchaus ernst! Ich begegnete also Mama draußen, fast zufällig, beim Gassigehen und kaute mal wieder auf irgendwas herum. Laut, schmatzend und mit offenem Mund, Kopf zurückgelegt, Augen halb geschlossen … genau wie vorgeschrieben. Mama kniff die Augen zusammen und sagte misstrauisch: »Was in Teufels Namen *isst* du da schon wieder?!« Ich legte das Köpfchen putzig schief, hörte sofort auf zu kauen und sah sehr, sehr unschuldig aus. Nix …? Mama drehte also ihren Kopf weg und ich schmatzte wie auf Kommando sofort gemütlich weiter. Mama guckte wieder, jetzt leicht ärgerlich: »*Was* isst du da?!« Ich saß lautlos und reglos da, konnte ja nun auch nicht so ganz direkt antworten. Also legte ich wieder das Köpfchen schief, völlig unschuldig guckend. Mama guckte weg, Calimero schmatzte laut weiter. Mama guckte, ich guckte. Mama guckte weg. Ich schmatzte genüsslich. Eine Vorstellung, die den Marx Brothers durchaus angemessen gewesen wäre. Lecker: Meisenring, luftgetrocknet! Also eine Art Meisen-Crunchie. Haute Cuisine, so viel war aber auf

jeden Fall sicher. Calimero war der Staubsauger mit geheimer Geheimfüllung! Das Geheimnis wurde immer nur dann gelüftet, wenn ich dann mal kotzen musste …
Was soll ich sagen: Auch dieses Geheimnis *wurde* dann gelüftet und es dauerte auch gar nicht mal *so* lange. Angegammelter, spakiger Rindertalg und pelzige Alt-Körnchen schaffen es leider nicht auf das Siegertreppchen zum Parade-Schiss. Sie nahmen nach einer halben Stunde dann, leicht übereilt, den Dienstbotenausgang. Schade um das Volumen.

Nein, damit war ich überhaupt nicht einverstanden!

Hamm-Hamm-Technik

Molli war heute mal wieder zu Besuch. Wollte nach dem Sausen in der Wiese nicht zurück zu Sara. Sie saß vor dem Eingang auf der Straßenseite gegenüber und streikte mit ihrem dicken Älläfanttän-Hientärrn. Gelernt von Calimero, der Straßenflunder. Dann musste sie auch tatsächlich nicht mit, sondern konnte zu uns kommen! Sara hatte heute einfach keine Zeit für zehrende Beziehungsgespräche und sowieso schon geraspelte Nerven, also ein Punkt für den Mops! Oh, so viel Spaß hatten wir dann! Wir rannten über das Sofa und die Teppiche, jagten uns stundenlang gegenseitig die Lunge aus dem Hals. Mama kommentierte das wilde Kämpfchen schließlich mit dem Diktiergerät: »Meine Damen und Herren: Eine neue Übertragung aus der Reihe ›Schweine im Weltall‹! Das helle Schwein, genannt ›Der Bomber von Budapest‹, dominiert heute erbarmungslos das schwarze Schwein, auch bekannt als ›Der Hänfling von Berg am Laim‹ … Der Kampf entbrannte um ein kleines, gelbes Plastik-Ei! Meine Damen und Herren, dieses liegt jetzt zerquetscht und furchtbar platt, aber vollkommen vergessen unter den kämpfenden Schweinen! Diese wälzen sich seit vielen Minuten grunzend, keuchend und röchelnd über Auslegware und Parkett hin und her! Der Bomber ist ganz klar im Vorteil, kämpft aber auch in einer ganz anderen Gewichtsklasse! Der Bomber benutzt die legendäre Hamm-Hamm-Technik, die ihre Wirkung natürlich nicht verfehlt. Der Hänfling hingegen hat sich auf die klassische, aber defensive, Maikäferchen-Technik verlegt: Auf dem Rücken liegend und mit allem wild um sich strampelnd, was der Markt hergibt. Er hat so zwar keinen echten Vorteil, aber dafür ein hübsches Kleidchen aus Fusseln an!« Ich weiß ja nicht! Aber solange sie das nicht in YouTube reinstellte, sollte es mir ja recht sein.

Dann knutschten wir wieder! Wir lagen im Flur, beide auf dem Bauch voreinander, die Vorderpfötchen verschachtelt und küssten uns die Nasen und Mäulchen ab. Richtig mit Zunge. Hi hi, naja, immerhin sind wir ja auch verlobt …

Fusselfresser

Der Mops von Monte Christo war zurück. Aber er arbeitete jetzt undercover! Mama musste sich übrigens heute andauernd bücken, um mir irgendwelche Fusseln vom Schnäuzchen zu zupfen, egal wo wir waren, denn ich fand sie immer alle! Und sie fanden *mich* immer alle! Wie fand ich denn das? Fusselig, so viel ist mal klar! Ich machte heute unterwegs so lange bockig die Flunder, bis sie wieder mal entnervt die Leine losließ. Und so ganz alleine fand ich die ganzen Sachen da eigentlich auch ganz spannend anzuschauen. Aber ich warf nichts um, ich zerrte nichts aus den Regalen und ich fraß auch nichts auf, außer den ganzen Fusseln natürlich, aber die gehören da wohl niemandem … In einem englischen Laden waren alle mal wieder ganz begeistert von Calimero, dem Kaufhaushund. Ich sah ja auch einfach immer nur putzig aus: pechschwarz, glänzend, wie gelackt endlich wieder. Ich saß ganz reglos und stocksteif mit meinem schicken Glitzergeschirr neben einem englischen Schirmständer. Und alle glaubten glatt, ich sei ein britischer Türstopper, selbst ganz ohne Tür in der Nähe. Ich wartete, dass einer vorbeikam, mich umdrehen wollte und mal gucken, wie viel ich so kosten würde. Und dann: große Überraschung! Nur rosa-braune kleine Mops-Rosette, kein Preisschild, Calimero ist einfach unbezahlbar! War dann aber nicht, schade. Trotzdem erschreckte sich eine Kundin, als ich mal angelegentlich herzhaft gähnte: »Huch! Ich dachte, der gehört zur Ware!«

Ja, ich sei ansonsten aber leider heute nur durchgedreht wie ein verrücktes Schnitzel, sagte Mama, und genau da trafen wir auf Sara. Sara war begeistert. Calimero war begeistert. Mami war auch begeistert, da konnte sich das verrückte Schnitzel nämlich endlich mal ausagieren. Wir wollten uns also treffen, oben in der Praxis. Sara sagte: »Wartät kurz, iech muss noch schnäll ien die Garagä!« Mama wartete, Calimero aber wartete nicht! Der Mops von Monte Christo war schon wieder auf der Flucht: Leine losgerissen und mit 100 Mopskilometern hinter Sara her …! Echte Mama brüllte hinter mir rum, komisches Zeug, so von wegen: schnell zurück, oder Suppenfleisch, gefährlich und komm *du* mal nach Hause! Mir egal: Ich mochte keine Suppe, ich wollte doch nur schnell zu Sara! Gut, dass da dann kein Auto kam! In der Garage war es sehr gruselig und sehr dunkel. Es fiel mir aber erst just wieder unten ein, dass ich das doch ganz doof fand! Ich so klein, so planlos und dann stand eben Kakadu auf der Karte! Alle hörten mich und keiner sah da die Pfote vor den Augen. Das war jetzt im Rückblick keine echte Heldentat, fürchte ich. Mama war richtig sauer und sagte grimmig: »Schwache Performance für so ein paar Pfund entfesseltes Suppenfleisch!« Sara lachte sich nur wie immer, wenn es nicht ihre Moolliiee betraf, kaputt. Dann die Praxis! Dann Molli! Und die Assistentinnen! Und Hadservus Kallimärroo! Die ganz große Performance diesmal.

Ich überfiel in dem ganzen Trubel dann kurzerhand Saras Einkaufstasche und holte mir einen Kaustick zur Entspannung raus. Saß da, kaute und grinste mit meiner

Kau-Zigarre schräg im Mundwinkel, wie Churchill oder Fidel Castro, von einem Ohr zum anderen. Mutti platt, Sara platt, Molli platt, aber staunte. Sie hatte sich gleich den Trick gemerkt, das hab ich ganz genau gesehen … Dann ging Mami heim und ich blieb da! Und dann kam später Molli zusammen mit mir selber zu mir und ich konnte Molli endlich den zweiten Hasi schenken! Den hatte ich vor ein paar Tagen ganz höchstpersönlich selber erbeutet! Wir waren nämlich am Müllhaus gewesen und da stand so eine Tüte … Und ich mochte doch Tüten so schrecklich gerne, arbeitete ja auch freiberuflich beim Zoll. Also steckte ich fix kopfüber in der Tüte drin, wühlte herum und kam mit Hasi quer im Mäulchen wieder raus! Hasi war sogar noch mit Wäscheschild dran! Und da war noch ein zweiter Hasi, ich musste alle Hasis für mich mitnehmen! Molli mochte Hasi auch sofort! Wir spielten total verrückt die ganze Zeit und alle Mann hoch waren hinterher feucht, angekaut und fusslig! So schön ist es, ein kleiner Hund zu sein …

Klassenfahrt

Mama hatte ein neues Spiel erfunden und ich konnte das schon ganz schnell ganz toll! Sie zeigte dazu neben sich und sagte: »Komm Calimero: Kleiner Wettlauf gefällig?!« Ich kam sofort zum Wetzen angewetzt. Und dann sagte sie »Eiiinnnnssss« – aber ich rannte noch nicht los, das hatte ich gelernt! Na ja, so ein bisschen, angetäuscht, manchmal, aber auch nur aus Versehen … »Zweeeiiii« – nee, ich sollte immer noch nicht losrennen, das wusste ich auch schon! Aber tänzeln und den Hinten schon mal wild umherschwenken, das war ja erlaubt … Mama hob jetzt den rechten Fuß – noch nicht rennen, kleine Wüstenrennmaus, noch nicht! »Dreeeiiii« – manchmal düste ich jetzt ab, weil die Stimme anders war, und weil bekanntermaßen jeder Mops bei »Drei!« immerzu rennen muss! Aber nein, ich sollte doch wieder zurückkommen. Und dann sagte sie, indem sie den rechten Fuß noch höher hob: »Aaaaaaaaa…« und ich fing jetzt wirklich total aufgeregt an mit dem ganzen Körper herumzutänzeln »…takkeeeeee!!!« *Jetzt* rannte ich los, und ich sollte auch! Aber ich drehte mich immerzu um, ob sie auch *wirklich* hinter mir her war … Sie schrie mich dann an: »Lauf um dein Leben, kleiner Mops, Aaaatttaaakkkeee!!!«, und ich rannte dann so schnell, wie ich konnte, zur Eingangstür. Calimero, das wetzende Wunder von Berg am Laim, gewann *immer*. Mama lachte, Calimero machte »Gimme Five!« und kriegte Gutis. Ein tolles Spiel!

Mein erster Ausflug!

Zweieinhalb Stunden war ich draußen, mit über fünfundzwanzig fremden Hunden, die ich alle noch gar nicht kannte! Wir waren zusammen im Wald, in Wessling auf einer Hundewanderung … Mama machte die Leine ab, Calimero war dann gleich mal weg! Von der Masse geschluckt und ich kam auch erst mal nicht mehr wieder. Ich hatte wohl alles vergessen, was je gewesen war? Aber dann erinnerte ich mich doch wieder, auch wenn Mami rief, kam immer mal vorbeigeschneit und kriegte jedes Mal ein Guti! Naja, ich kam dann vorsichtshalber lieber öfter mal vorbei. Mein Regencape war nach einer Stunde klitschenass, hundepfotig und komplett schlammig. Mama seufzte: »Schlimmer wie ein kleiner Junge bist du! Wer ahnt denn bitte, dass mein Mops noch eine komplette Garnitur Wechselklamotten mit auf dem Klassenausflug braucht?!« Alle lachten, ich auch. Ich war so dermaßen aufgedreht, dass ich nach einer Stunde anfing Schleim zu kotzen. Mein Frühstück gab ich aber nicht wieder her, denn was ich hab, das hab ich! Ein bisschen blieben wir zurück, um mich zu schonen, dann lief ich wieder hinterher und machte so wohl den Weg insgesamt dreimal. Ich ging mit ins Wasser und ich rannte mit in den Wald! Ich war so glücklich und so kaputt, dass ich den Rest des Weges getragen werden musste. Und im Zug nach Hause war ich so dermaßen alle, dass ich sofort auf Mamis Armen eingeschlafen bin, obwohl die ganzen Hunde im Gang noch munter miteinander weiterspielten …

Namenssalat

Mama machte schon seit Wochen immer Salat mit meinem Namen, jetzt petze ich das mal! ›Der Calamari in der Kalahari‹ war ja wirklich schon doof gewesen, aber sie machte noch viel Schlimmeres damit! Ich spielte zum Beispiel ganz unschuldig mit meinem Ball, da rief sie plötzlich: »Ballimero, komm!« Das ging doch so nicht! Dann spielte ich mal, nur zufällig und auch nur ganz kurz, verrückt und sie sagte zu mir: »Knallimero, du bist wohl jetzt eine *völlig* durchgeknallte Knallerbse!?« Einmal sagte sie tatsächlich zu mir verwirrtem Wurm, vom Sofa gerollt und auf dem Teppich liegend: »Fallimero, das war jetzt ein klassisches Eigentor!« Wenn ich schimpfte, meistens ja wegen der doofen Miezekatzen, sagte sie genervt zu mir: »Gallimero, sei nicht so gallig und hör auf zu motzen, bitte!« Dann kam ich gestern mit einer fremden Fellmaus ganz selbstbewusst in die Küche reingelatscht und sie sagte streng mit der Stimme von Fräulein Rottenmeier aus Heidi: »Krallimero! Das ist nicht dein Spieli! Es geht nicht an, dass du hier herumläufst und dir fremde Spielmäuse krallst! Trag sie bitte sofort zurück zu ihrem Eigentümer!« Dazu sagte ich nur: »Das geht sehr wohl, *wenn* keiner einen erwischt …!« Wenn ich mal rein zufällig zu viel gefressen haben sollte, sagte sie nach einem routinierten Griff in meine Bauchdecke: »Ah! Prallimero haben sich erneut komplett vollgeschlagen! Pass mal auf, dass du nicht noch Quallimero wirst, irgendwann!« Und wenn ich mal spucken musste, sagte sie auch noch: »Sieh an, Liebesgrüße von Schwallimero und seinem illegalen, kleinen Zimmerpflanzen-Imbiss, ieh!« Selbst wenn ich mich pfiffig anstellte und schlau war, wurde ich noch mit Namenssalat bestraft, denn sie rief garantiert wieder begeistert: »Juhu! Rallimero hat's mal wieder sofort gerallt!« Wenn sie ins Zimmer kam und ich gerade einen saftigen Fight mit meinem Spielkistchen hatte, schaute sie sich wieder mit in die Hüften gestemmten Armen um und sagte streng mit der Stimme von Fräulein Rottenmeier: »Stallimero! Sag mal, hier schaut es ja original aus wie im Stall bei Schweine im Weltall! Hast du denn keinerlei Benehmen von zuhause mitgebracht?!« Wenn ich ganz laut bellte, auch wegen dem ganzen Namenssalat in meinen Ohren, und einfach nicht mehr aufhören konnte mit dem Geschrei, sagte sie streng: »Schallimero, meine Ohren klingeln bereits, bitte wechsel mal die Frequenz, ja, sei so nett!« Da war ich dann baff. Hätte ich doch nur meinen tollen Zuchtnamen behalten können! Auf ›Caramba‹ reimt sich nämlich gar nichts, außer Rambazamba und äh, Superkleber, glaube ich …

Doppel-Mops

Oh, schon wieder ein schöner Ausflug! Ich war mit Molli in Sauerlach! Ja, Mami und Sara waren natürlich auch mit, ich durfte ja nicht mehr ans Steuer, sonst hätte ich das schon gemacht! Wir fuhren alle zusammen in Saras Auto und wir Möpse machten wieder viel Tamtam unterwegs! Sara musste zwingend vor jeder Reise Pipi, als würde es unterwegs keine Bäume geben, und dann kam heute wieder mal der Kakadu … Organ angeschaltet, volles Rohr, ich war verloren, Sara war schon wieder weg! Kakadus lebten ja ganz gerne mal in Tiefgaragen. Ach ja, die gute alte Zeit mit Ohropax und Tinnitus! Mama erinnerte sich offensichtlich an mehr, als ihr spontan lieb war, und Molli guckte auch schon ganz komisch. Mama war genervt: eine Mama, eine Molli, ein Calimero und alle zusammen in Saras Auto. Also wirklich weit und breit keine Gefahr und schon gar keine Verlassenheit in Sicht … Aber der wahnsinnige Kakadu lebte schon wieder! Panisch bin ich die ganze Zeit auf Mamis Schoß herumgestrampelt, habe hektisch auf dem Sitz und an der Tür gekratzt und geatmet habe ich überhaupt nicht mehr. Wozu auch, ich brauchte meine ganze Luft ja schließlich zum Schreien! Mama war mal wieder eines völlig klar, nämlich dass Sara den kleinen Calimero *mindestens* einmal mit Molli völlig alleine in der Tiefgarage im Auto gelassen haben musste! Anders war das infernalische und ängstliche Geschrei nämlich nicht mehr zu erklären, ich kleiner Wurm hatte eine echte Kakadu-Panik. Kakadus vergessen nämlich keine Beleidigung und kein Sara-Pipi, nie mehr! Mama lachte dennoch, trotz der enormen Frequenzen im Auto. Geraspelte Nerven gab es dann wohl nur noch für gefressene und recycelte Zimmerpflanze oder für Extrem-Geschlechtsteil-Lecking …

Weil mir wieder so langweilig auf der Fahrt wurde, schalte ich dann das Radio dauernd ein. Alle lachten darüber, wenn mitten im Gespräch zwischen Mama und Sara plötzlich einer von einer tollen Zitronen-Brause redete oder von Frucht-Gummibärchen …Wir Möpse mussten da in Sauerlach dann leider im Auto bleiben, denn die Mamas wollten in einem alten Bauernhaus lauter komische Sachen für Ostern angucken und behaupteten tatsächlich, da sei nur alles mit Porzellan und zerbrechlichem Zeugs vollgestellt. Zwei verrückte Schnitzel, eines davon auch noch an der Flexileine, bräuchte da wirklich niemand drin. Und Schokoladenostereier oder Visitenkarten aus eigener Fabrikation schon gleich gar nicht. Naja, Rache ist Porzellanhäschen, oder so! Es dauerte dann auch nur mehrere Minuten, bis man die letzte Tür hinter uns schließen konnte, ohne irgendwelche Nasen, Pfoten und Schurrbarthaare dabei einzuklemmen! Wir haben wirklich alles gegeben!

Dann stellte ich eben einfach das Radio wieder an, rockte derweil etwas die Hütte, denn Calimero, der kleine Einstein mit der Nasenfalte, machte so was ja mit der linken Pobacke einfach im Vorbeischlendern! Molli war jetzt aber auch voll in Fahrt, vielleicht wegen der lauten Popmusik. Denn Calimero konnte auch locker den Lautstärkeregler mit dem Hintern betätigen! Als er dann mit der ganzen Technik da fertig war und auch alle Lüftungen ordentlich zugeklappt hatte, randalierte er im Innenraum etwas weiter vor sich hin. Stand vorwurfsvoll auf die Beifahrertür gestützt, starrte Mami wüst durch die von oben bis unten besabberte, total angehauchte Scheibe an und kratzte dann wie wild im Stakkato mit den Vorderpfoten auf der Lackschiene herum. Ungefähr wie der Bluthund auf den Spuren einer Leiche im Wald! Mama kam zurück, klopfte böse an die Scheibe und sagte laut: »Lass das!« Ich stand also stocksteif, mit einer Pfote weggestemmt und einer Pfote eingerollt an der Tür mit schiefgelegtem Köpfchen und kletterte dann plötzlich von vorne nach hinten in Blitzgeschwindigkeit, als Mami von der Scheibe wegging! Ich schaute von der Hutablage her zum Kofferraumfenster raus und schimpfte sogleich aus vollem Halse! Sara staunte nur noch: Lady Gaga in voller Lautstärke und dazu sang ein wütender Mops, so dass man schon jetzt sehen konnte, wie die Scheibe von innen immer mehr beschlug …! Molli stieg dann auch in das Drama ein, kam nach hinten gekrabbelt, kratzte auch auf der Hutablage herum und sang ebenfalls lauthals mit. Mami sagte betrübt im Weggehen: »Wir sind ja jetzt nur mal gespannt, ob Molli sich auch *dieses* Horror-Programm merken wird. Er hat wirklich einen schlechten Einfluss auf sie! Sie war immer so ein lieber Knödel, fast apathisch manchmal – und jetzt schau dir mal *das da* an!« Sara schaute nur ganz vorsichtig über die Schulter, auf die beiden stinkwütenden Möpse, wie sie hinter der beschlagenen Scheibe zur lauten Musik brüllten und gemeinsam wild an den Türleisten kratzten. »Hoffäntliech nicht!«, sagte Sara resigniert. »Äs reicht schon, dass Ö jätzt auch iemmär allä Taschän durchwühlt! Was soll da Versiecherunk sagän? Auto neu, Lack alt, oder was? Mops iesst niecht versiechärt!«

Dann hatten die da mal genügend Ostereier angeguckt und lachten sich komplett schief, als sie mit ihren prallen Tüten zum total von innen beschlagenen Partybus kamen. Endlich Spazierengehen, und mit der neuen Koppel konnten zwei Möpse zusammen an einer Leine gehen … Die Leute lachten alle und machten sich gegenseitig auf uns aufmerksam. Mami sagte laut klagend: »Alle gucken uns nur auf die Möpse! Ich fühle mich total diskriminiert!« Da lachten die Leute dann noch mehr. Also ich fand das gut, wenn die alle auf die Möpse guckten! Aber: Streber on Tour! Es gab kein Gewirbel mehr mit uns, keine Knoten und auch kein Kreuzundquer. Wir sahen aus wie brave Schlittenhunde ohne Schnee, denn wir zerrten beide aus Leibeskräften vorwärts. Gut, zugegeben, keiner von uns beiden wusste warum und wohin überhaupt, aber solche Kleinigkeiten sind Schlittenhunden meistens egal: Hauptsache, schnell nach vorne! Wenn da mal ein Auto kam und Mami sagte: »Calimero: Aufpassen!«, flitzte ich zur Seite, wie ich das gelernt hatte. Molli musste ja jetzt mit, weil sie hinten an mir dranhing, aber sie hatte mal wieder nichts Dementsprechendes gelernt. Molli war sehr erstaunt, aber kriegte auch immer ein Guti dafür. Möpse finden, das ist ein prima Spiel: Nix wissen, nix kapieren, jemandem doof nachlaufen und dann ein Guti dafür kriegen! Neue Namen für alle! Molli hieß nach den ganzen Leckerlis heute zuerst ›Rolli‹, dann nur noch ›Trolli‹, weil sie zum

Schluss regelrecht gezogen werden musste ... Und ich war platt wie ein Ei. Ja, wieso platt wie ein Ei, wenn Ei runtergefallen, iss klar, oder ...?

Piek, du bist's …!

Mama hatte heute schon wieder neues, peinliches Pipi-Lied erfunden! Seitdem ich so wichtig mit drei Beinen und allem da am Weg herumstand, machte sie immer wieder den Pi-Leader, hoffentlich sah uns da keiner! Sie sang heute zur Melodie von Can-Can, während sie auch noch doof die Beine dabei schmiss: »Piiii-Pipipipi-piiii-piiiii-Pipipipi-piiii-piiiii!« Och, nö – so kann ich aber nicht! Eine der größten Beleidigungen, die Rüden sich untereinander antun können, ist immerhin der Satz: »Du bist ein echter Sitzpinkler!« Das möchte *ich* nicht erleben müssen!

Aber sie hatte auch noch ein tolles neues Spiel erfunden, daher war alles verziehen. Es hieß: Piek, du bist's! Das war ja wohl genau meins! Lauern und rennen! Sie sagte mit erhobenem Zeigefinger, der immer näher kam: »Piiiiiiiie...«, und ich starrte den Finger an, tänzelte, tippelte und lauerte. Und: »Piiiiekkkkkk, du bist's!!!«, dann piekte sie mich und rannte quiekend vor mir weg. Ich hoppelte dann wie der geölte Blitz hinter ihr her und hatte es sofort kapiert: Ich musste sie fangen! Das spielten wir doch so auch unter Hunden auf der Wiese! Fangen tat ich sie, indem ich ihr auf den Fuß oder ans Bein tappte, dann quiekte sie und rief: »Lauf um dein Leben, Mopsi, Aaatttaaackeee …!!!« Und dann rannte *ich* weg, bis sie mich erwischte und dann *mich* wieder piekte! Ich konnte gar nicht genug davon kriegen! Und hinterher waren wir dann beide völlig kaputt vom dauernden

Im-Kreis-um-die-Küche-Rennen und lachten beide nur noch! Manchmal war Mami auch schneller und wenn ich sie dann um die Ecke nicht sehen konnte, schmiss ich einen Kakadu in die Runde. Ich raste dann laut und schrill kreischend hinter ihr her: »Warteee! Warteee! Iiich biiin verloooreeen! Mein Ruuudeeel fliiieeeht …!« Mami konnte dann vor lauter Lachen gar nicht mehr richtig rennen und rief nur nur noch kraftlos über die Schulter: »Hör auf, du Knallerbse! Mehr wetzen, weniger schreien!« Aber ich war doch verloren, das musste sie doch wissen! Mami in der Kurve zum Klo und ich hing noch im Türrahmen an der Küche fest: »Hiiilllfeee …!!!«

Pi-Man

Oh, schade, dass ich keinen Kalender habe, sonst hätte ich das heute fett angestrichen! Sara kam mit Molli und ich dachte noch: »Oh, kommt da Spaß!«, dann ging Sara wieder mit Molli, aber Calimero ging auch mit! Konnte nicht mal mehr »Tschüss!« sagen, weil ich schon knutschend mit Molli in den Fahrstuhl gekugelt war und nur noch denken konnte: »Nix Spaß hier, das wird Megaspaß!« Den ganzen Nachmittag und den ganzen Abend bis spät in die Dämmerung sind wir nur herumgewetzt. Zuerst draußen in der Sonne mit Sara, wir haben balanciert und sind auf Findlinge geklettert – und sogar auf einem Trampolin sind wir gewesen! Sara war so glücklich mit dem kleinen Küken aus Palermo, denn ich war ja nicht nur niedlich und schon ziemlich gut erzogen, sondern auch sehr unternehmungslustig. Außerdem war ich stets gut gelaunt und immer agil. Und ich dachte mir immer wieder wieder neue Spiele für alle aus! So kam es, dass wir dann ganz lange draußen waren, weil Sara so viel Spaß mit uns hatte und sie mir auch nichts Doofes aus Versehen beibrachte! Dann waren wir beiden Schlittenhunde ausgetobt und butterbrav wie zwei Lämmer noch an der Koppel zusammen weiter unterwegs …

Aber dann bei Molli war alle Müdigkeit schnell vergessen! Da ging es dann ununterbrochen weiter, grunzend und ächzend über alle Sofas, Sessel, Tische und Schemel! Durch alle Nester, über alle Teppiche, dann pronto rausgezischt auf die Terrasse, über die dottergelb-zerpiete Molli-Wiese und wieder zurück im Volltempo! Quer zwischen den Balkonkästen durch und mit einem gekonnten Sprung über die Türschiene wieder quiekend rein! Sara sagte dann später zu Mama: »Guckst du mal: Nagasakie liekt jätzt ien Hieroschiemaa – unt Hieroschiemaa liekt jätzt hier! Mittän auf unserär Dachterrassä, wär hättä dass gedacht …« Mama sagte gar nicht mehr, als sie mich atemloses Energiebündel abholen kam. Schaute nur wortlos in die Kästen mit den ganzen Setzlingen und den jungen Rosen. Sie ächzte: »Jesses!« Dann gab es Essen für Molli und für mich! Sara konnte meinem schiefgelegten Köpfchen und dem Kulleraugen-Blick einfach nicht widerstehen, der immerzu sagte: »Stell dir nur noch ein paar Fliegen und einen Hirsebauch vor, dann komme ich doch original aus Biafra!« Es wirkte total gut! Es gab Hüttenkäse mit gekochtem Stampf-Ei, das kannte ich noch gar nicht, war aber sehr gut! Ich fraß es daher auch sicherheitshalber ganz schnell. Viel schneller als Molli. Sara staunte wieder: »Wie kann so ain kleinär Mops so dermassän schnäll fressän?! Wo tut Ö dass alläs hien?!« Dann fraß Molli plötzlich auch gar nicht mehr. Was auch fressen, wenn die Schüssel, nachdem ich kurz vorbeigeschlendert war, dann Putz-Sternchen warf …? Calimero, gruseliger Staubsauger mit geheimer Geheimfüllung, hatte sich komplett vollgesaugt!

Auf dem Heimweg fiel Mama dann plötzlich ein altes Pipi-Lied aus meiner Mini-Welpen-Zeit ein. Nicht schon wieder, ich musste hier also dringend weg! Nach der Film-Melodie von Batman quiekte sie peinlich: »Dedl-ledl-ledl-ledl-dedl-ledl-ledl-ledl-Pi-Man …!« Und dabei sollte ich mich jetzt entspannen, oder was?! Sie sagte, ich sei so eine Art kurzwüchsige Neuauflage eines 80er-Jahre-Comic-Helden namens HE-Man … Ich sei wohl ein Cousin siebten Grades, nämlich der Halbling namens PI-Man. Sie plärrte dann mit gespreizten Beinen und beidhändig hoch in die Luft erhobenem ›Schwert‹: »Bei der Macht von Gracestrull!!!« Ehrlich gesagt: Ich glaube, ich muss ihr wohl mal dringend ein Hobby besorgen! Oder einen Mann. Mal sehen, was *der* dann sagt, wenn sie ihn den PI-Man nennt, vor ihm Cancan tanzt und durch die Klotür plärrt: »Hey, Halbling! Wie läuft es da drinnen?!« Andererseits, wie lange ist sie nun schon solo? Ob so was wohl Gründe hat?

City-Mops

Heute mal wieder den City-Mops gegeben. Zuerst in der Straßenbahn. Ich saß so brav da oben auf der Ablage in der letzten Reihe! Die ganze lange Zeit kein Anspringen, kein Rumlaufen, überhaupt kein Tamtam. Alle, die sich hinten hinsetzten, sahen mich, den kleinen Mops, auf einer Pobacke gekonnt in der Sonne sitzen. Und schon quietschten sie los, wie süß ich doch war. Genau Leute, und jetzt mal 'ne Weltneuheit bitte! Mama dachte zuerst, sie hätte sich im Aufbruch vielleicht aus Versehen einfach den falschen Mops gegriffen? Und ich sei jetzt irgendwie gar nicht ich?

Dann kam die Maximilianstraße. Und dann kam der Regen, doof jetzt. Wir gingen in das schicke englische Tiergeschäft, die ›Hound's Lane‹. Das war ein richtiger Schickimicki-Laden für Schickimicki-Hunde! Einer von der Sorte, wo keiner wusste: Wie konnte man von so einem Laden überhaupt leben? Oder war der nur das Hobby einer gelangweilten reichen Frau eines gelangweilten, noch reicheren Mannes? Mama kaufte dann endlich das langersehnte Kissen für Sara, die ja immer noch alles haben musste, was Mami so hatte. Da war sie vor ein paar Wochen schier ausgeflippt, als sie das kleine, kunstvoll mit Wolle bestickte englische Kissen bei Mami sah! Ein Kissen mit einem schönen schwarzen Mopsgesicht drauf. Und nun wollte sie auch so ein Kissen, aber eines von Molli mit einem blonden Mopsgesicht drauf. Mama stellte nur die Augen hoch und sagte, sie mache das, wenn sie da mal wieder zufällig drin sei. Und nun war sie da drin, wenn auch nicht so *ganz* zufällig. Denn wir brauchten neue Näpfe für anständige Portionen. Und Mami fand alle handelsüblichen Näpfe einfach nur hässlich. Außerdem waren wohl auch Glas und Porzellan für mich Rabauken nicht so besonders brauchbar. Aber leider ertrug sie auch nicht mehr dieses permanente Geschepper der Stahlnäpfe im Stahlgestell! Ich zog das täglich so lange durch, bis das wirklich allerletzte Atom daraus verschwunden war. Das konnte sich dann schon ziemlich nervenzerfetzend entwickeln. Merke: Möpse beim Fressen haben keine Nerven, nie!

Die Edel-Näpfe in der ›Hounds Lane‹ hatte Mami ja schon letztes Mal gesehen und sehr schick gefunden. Aber sie hatte sich die dann schlechtgemacht: »Zu dekadent, zu britisch, zu protzig und zu teuer!« Bisher hatte sie aber dann keine besseren gefunden und konnte diese hier scheinbar auch nicht mehr vergessen. Darum waren wir hier: »Nur mal schnell gucken!«, verstehe. Die Dinger waren aus sehr schön ziseliertem, mattem Stahl, fein geschwungen, sahen aus, als läge ein ganz altes Lederhundehalsband mit Schließe drumherum. Mit erhabener Schnörkelschrift stand auf dem Halsband: ›Good Dog‹. Dann wäre es auch endlich mal amtlich hier. Die Näpfe waren eigentlich nur ein Rahmen für darin versenkbare Schalen. Und weil Calimero ein ›Good Dog‹ im Wachstum war, dürften die Portionen auch gerne demnächst mal etwas größer ausfallen. Ich würde doch zugegebenermaßen einfach nur hinreißend hinter so einem schicken, pompösen Napf aussehen, da könnte man glatt das ganze Geschmatze ausblenden!

Ich kriegte diese handgebackenen, englischen Hunde-kekse und setzte mich wieder nacheinander in alle ver-fügbaren Hundenester rein. Ich arbeitete mich ja generell ganz gerne von links nach rechts, somit begann ich auf dem großen Leopardenkissen mit den affigen goldenen Troddeln … Aber das schwankte mir zu viel und die gerade erst aufgeknusperten Hundekekse hingen schon schnell im Magen stöhnend an der Reling. Darum klet-terte ich auf das mit cappuccinofarbener Wildseide be-zogene Biedermeierkanapee und dem polierten dunklen Edelholzrahmen mit Bronzenieten. Sah schon toll aus: der schwarze Glänzi mit seinen blitzenden Swarovski, lauter englische, handgebackene Krümel am Mund, völ-lig unbeteiligt auf die matt schimmernde Wildseide hin-gegossen … Ich war also mal wieder die reinste Deko! Und alle waren programmgemäß wieder begeistert von ›El Niedlicho‹. Wenn ich einen Job suchte, könnte ich garantiert sofort da als Deko anfangen! Meine Gage: eine Tüte von den Keksen da. 360,– Euro kostete übrigens das handgeschreinerte, handbezogene, handpolierte, handvernietete und, hüst, etwas angehaarte und voll-gekrümelte Kanapee – aber unter uns: voll unbequem! Der Mops saß da drauf wie der Prinz auf der Erbse. Es gab nicht mal einen kuscheligen Rand, um mich auf-zustützen mit meinem edlen Doggenkopf. Damit das mit dem Schnarchen auch wirklich lückenlos klappte. Also ging ich nach einem Nachschlag britischer Hun-dekekse auf Abenteuersuche und stürmte blitzartig die weinrote Teppich-Treppe mit den ganzen Hundekissen drauf. Leider geriet ich nach einem ungeschmeidigen Fehltritt in einen wahren Kissenhagel in der Steilkurve und dann auch schnell außer Sicht … Wir verlassen hier die Akteure.

Draußen trafen wir auf Carbo. Der wollte auch gerade in die ›Hounds Lane‹, irgendwo drin probesitzen. Der sah ja aus wie ich? Sein Papi war total hingerissen von uns beiden, insbesondere von mir, denn ich sei ja so *unglaublich* niedlich, so *unfassbar* niedlich, es sei ja schon mal gleich ganz unirdisch, *wie* niedlich ich doch eigentlich sei! Genau, meine Geheimwaffe: das totale Putzigsein, ohne jedes Pardon! Carbo und ich spielten auf der mittlerweile vollgeregneten Straßeninsel völlig ungehemmt miteinander im Dreck und das Herrchen freute sich, wie unfassbar niedlich wir doch dabei waren. Mama fand eigentlich eher etwas resigniert, dass auf der Schicht des ganzen unfassbaren Niedlichseins leider jetzt auch eine sehr dicke Kruste unfassbaren Straßenschlamms klebte. Und dass sie das eigentlich *so niedlich* gar nicht fand. Noch weniger, wenn sie sich mich so inmitten der ganzen blütenweißen Tüllgardinen bei Hertie in den Kurzwaren vorstellte … Carbos Papa sah keinen Schlick, keinen Mucht und keinen Grind, er sah nur die pure Niedlichkeit und feuerte uns auch noch an! Mama und er tauschten dann unter den Regenschirmen, zwischen uns japsenden und schlammspritzenden Erdferkeln, Geschichten aus. Plötzliches Beinchenheben an unpassenden Orten, komische Pickel am Kinn und sonstige Unarten … Es regnete jetzt immer stärker und wurde langsam richtig dunkel, aber sie tauschten immer weiter ihre völlig erlogenen Geschichten aus. Carbo und ich tauschten nur noch Dreck aus, bewarfen uns förmlich gegenseitig damit und rannten wie verrückt im Kreis umeinander herum! All das direkt vor der piekfeinen ›Hounds Lane‹. Gute Werbung, das hatte doch wieder mal Stil! Und jetzt ein Spontan-Shooting mit zwei grauen Möpsen auf dem Wildseiden-Kanapee und auf der weinroten Teppich-Treppe! Herrchen lachte sich halb schief, als Mama leicht entnervt sagte: »Calimero, noch zwei Umdrehungen und du musst garantiert all die guten Hundekekse wieder ausspucken!« Als wir uns endlich dann mal trennten, sagte der Mann lachend: »Hoffentlich sehen wir uns bald wieder!« Ich dachte mir nur: »Wie denn wohl bitte, so ganz ohne Telefonnummer …?« Und das jetzt nur mal nebenbei: Die ›Hounds Lane‹ ist mittlerweile geschlossen und Carbo haben wir natürlich auch nie wiedergesehen …

Das Glück über diese unverhoffte und so nette Begegnung sollte sich schon bald in nacktes Grauen wandeln, jedenfalls für Mami. Es passierte dann im Lichte des ersten Geschäftes, wie befürchtet: Man nennt mich ja von Zeit zu Zeit auch ganz gerne mal ›El Matschbombo‹! Mama war dann sehr peinlich berührt. Alle guckten überrascht und fanden mich gar nicht so schlimm. Nun ja, ich war hinten und rechts völlig grau und schon leicht krümelig, links seitlich zwar nur in breiten Bahnen gesträhnt, dafür aber dann am Rücken mit jeder Menge schlammiger Pfotenabdrücke verziert. Am Kopf klebte quer eine breite Bahn aus krustigem braunem Schlamm und irgendwas Floralem drin. Das linke Ohr war komplett grau, das rechte sah auch ziemlich gebraucht aus. Schwänzchen, Caperand und Hintern waren wie getaucht in Schlamm, ich musste also auch mal kurz zwischendurch gesessen haben. Wir bemerkten es in voller Pracht erst, als wir bei ›Crabtree & Evelyn‹, einem britischen Seifengeschäft, voll ausgeleuchtet, im Eingang standen. Wie passend. Ich kicherte und wollte da keinesfalls wieder raus. Warum auch? Da war es warm, sauber und trocken. Und da war ein so hübscher bunter Blumenteppich, auf dem ich mich so schlammgrau-schwarz wirklich fantastisch abhob! Viele nette, saubere Menschen, und alle guckten zu mir rüber!

Aber ich musste wieder raus! Also: Flunder in Schlamm. Unten war ich ja sowieso schon total dreckig, darauf kam es dann jetzt auch schon nicht mehr an, fand ich großmütig. Ich war aber die meiste Zeit relativ brav, ungefähr wie ein total verdrecktes Lamm. Ich dackelte hinterher und alle Kassenmädel waren wieder hingerissen, von mir, dem bröselnden, krümeligen, wirklich bis auf die Knochen dreckigen Brävling. Wir verursachten einen kleinen Auflauf im Geschirr, denn wir kamen da durch und alle Verkäuferinnen flippten aus. Und er sei ja *so* süß! Und der sei ja *so* brav! Ich sah, wie Mama genervt dachte: »Und der ist ja *so* dreckig – ungefähr wie ein Ferkel!« Aber keiner merkte das scheinbar, weil ich einfach *zu* süß war. Der ganze Dreck wurde von der süßen Zuckerschicht glatt überstrahlt!

Die kannten mich da sogar noch alle aus den Taschen-Zeiten, den düsteren! Sie wussten: »Der war hier schon mal in der Welpen-Tasche, so winzig klein! Da haben damals alle reingucken dürfen! Aber er hat da drin nur viel Rabatz gemacht, hatte sich gar nicht so süß benom-

men und wollte da nur raus. Ist der aber groß geworden!«
Mama grinste schief: »Ja, das ist El Diaobolo, der Kakadu … Wächst, als kriegte er es bezahlt!« Alle wollten
da auch plötzlich einen schwarzen kleinen Mops! Weil er
so niedlich und so kompakt und so süß war! Mami sagte
leicht erfrischt: »Bleibt aber nicht so. Nicht so klein und
manchmal leider auch nicht so brav und nur selten ganz
sauber!« Trotzdem wollten sie alle so einen wie mich! In
sauber, iss klar …

Kau-Staubsauger

Schon wieder neues Pipi-Lied, ich hasste es! Mama sang heute: »Manna-Manna, Pipipipiiiipipipi! Manna-Manna, Pipipipipi!« Ging's noch hier, wie peinlich ist *das* denn bitte schon wieder! Aber ich lief trotzdem wie aufgezogen ohne Leine den ganzen langen Weg hinter ihr her, ich machte keinen Scheiß, nur etwas Kacki und ein wirklich sauberes Drei-Bein-Pipi an einem abgestellten Fahrrad … Das Fahrrad stand hinter mir auf der linken Seite und ich hob dann etwas zerstreut sicherlich, aber dennoch ganz cool das *rechte* Beinchen und piete nach vorne im hohen Bogen voll in die Luft … Ich glaube, das sah aber trotzdem schon mächtig gewieft und sehr prächtig aus!

Oh, heute war wieder ein Molli-Tag! Wir machten einen schönen, langen Spaziergang, sogar noch in der Restsonne! Wir gingen lange durch die Landschaft, trafen Kumpels und spielten viel! Ich hörte wie ein Ohr und gehorchte wie ein Bild von einem Mops. Molli war heute eher etwas schlampig in der Ausführung. Hing elegant auf einer Pobacke im Dreck, ließ sich von Kumpels anfressen, hörte wie kein einziges Ohr und war auch überhaupt kein Bild. Nur vielleicht ein sehr dreckiges, liegendes, taubes und bockiges Bild. Ich stand neben Sara und Mami und wartete so brav! Aber Molli wälzte sich nur im trockenen Schlamm und guckte frech-gelangweilt, so mit schiefem Köpfchen … Bewegte sich aber keinen Zentimeter. Wir gingen dann irgendwann. Und

Molli dachte sich: »Umso besser, keiner nervt mehr!« Ich musste sie dann wirklich holen gehen, denn sie hatte sich da scheinbar völlig vergessen im Schlamm und Ungehorsam. Mensch, die dicke Molli, so ein Glück, dass sie mich kannte, da konnte sie sich ja direkt noch was abgucken!

Dann waren wir bei Molli in der Praxis. Ich kapierte schnell: Überall lag wieder Mollis Kauspielzeug rum und Krallimero, der gruselige Geheimstaubsauer, schlug zu! Sara war schnell ganz verzweifelt, auch weil sie ja wusste, dass Krallimero niemals kaute, sondern immer nur alles abschluckte. Man hörte sie nur noch jammern: »Kalliemärroo, wass machst du daa?! Wo hasst du dass schon wiedärr här?! Wass tust du daa untär däm Sofaa?! Du iesst schon wiedärr wass! Sollst du dass doch niecht! Wieso kaust du schon wiedärr?! Worauf?! Iech verstäh dass niecht! Wo hasst du dass schon wiedärr gefundän, sag mal?! Dass war doch schon mal langä ien Moolliiee drien, dachtä iech?! Und dass da iesst ganz fusselik, wo kommt dass wiedärr här?!« Wie zuhause, bloß andere Besetzung, anderer Dialekt, aber ansonsten: ganz genau der gleiche Text!

Als ›El Fresswunder‹ mit Futtersuchen, Aufspüren und Kauen endlich fertig war, spielten, rauften und rannten wir wie die Verrückten im Kreis. Dann lagen wir nur noch rum, wir konnten nicht mehr! Ich hatte irgendwo einen alten, stark gebrauchten, vollkommen fusseligen Lammkauschuh gefunden und rückte den auch entschlossen nicht mehr raus – bis ich darüber schließlich selig einschlief.

Dreckbomben

Sonne und schön milde Luft heute, Mama und Molli-Mama fuhren mit uns in den Englischen Garten. Im Auto ging es dann schon richtig ab und der Fußraum wurde trotz des ganzen Lammfell-Nestes und Mamas Füßen drin dennoch zur Box-Arena! Sara konnte kaum fahren, weil sie immerzu auf das Gemetzel und Geächze gucken musste. Sie sagte streng, sie könne sich bei den ganzen Kampfgeräuschen schon gar nicht mehr richtig konzentrieren. »Wass iesst da untän bloss mal los?! Fliegt gleich ganzär Fußraum miet verrücktä Hundä rauss …?!« Mama sagte leicht resigniert über das laute Geächze und Gegrunze hinweg: »Stockholm gegen Tokio … Endausscheidung. Noch kann alles passieren!« Sara verstand das nicht und sagte nur kopfschüttelnd genervt: »Kindärr, wass macht iehr da …?!« Keine Zeit jetzt für Smalltalk, ich musste dringend Molli fressen!

Wir waren dann irgendwann da. Als wir einstiegen, hingen wir ja jeder in seinem Geschirr und noch über die Koppel zusammen an einer Leine dran. Und die hielt jetzt Mami fest. Kaum war die Beifahrertür offen, brüllte Sara schon: »Moolliiee – bleip!!!« Mama sagte gelassen: »Reg dich ab, hier ist doch alles aus einer Hand!« Aber Molli war im gleichen Moment bereits eigenpfotig ausgestiegen. Mama griff also schon mal ins Leere, denn sie war innerhalb von Sekunden bereits aus dem Radius. Mama sagte etwas genervt: »Nicht direkt optimal jetzt! Aber die hängen ja beide aneinander! Und Ö klemmt hier immer noch, wenn auch mittlerweile schreiend! Andere Ö kann also physikalisch nicht weit kommen!« Aber Ö blieb komischerweise eben *nicht* neben der Tür stehen und zerrte auch nicht an mir, wie es die schon zitierte Physik ja diktiert hätte. Wenn die hier überhaupt mal kurz mit zu Wort gekommen wäre! Ich saß also immer noch zwischen Mamas Füßen eingeklemmt und schreiend da, Molli aber ging seelenruhig weg. Das Molli-Geschirr stieg dann komischerweise auch gleich mit aus und blieb neben dem Auto im schönsten Matsch liegen. An genau der Stelle, wo wir eigentlich Mollis Landung vermutet hätten. Molli aber entfernte sich zügigen Schrittes, mit dem typischen Wackelarsch, in Richtung Baumgrenze. Mama hatte den Mund immer noch offen stehen, hielt mit spitzen Fingern fassungslos das vollkommen matschige Geschirr an der Koppel hoch und schaute Molli nach. Molli war splitternackt und verschwand gerade außer Sicht. Jetzt ging es los! Mama brüllte, festgeklemmt in dem kreischenden Calimero und dem Nest – mit lauter verwirrten Geschirren, Koppeln und Leinen in den Händen: »Molli ist getürmt! Molli ist nackt! Wie haben die *das* gemacht?!« Und Sara flippte aus, von wegen alles aus einer Hand!? Sie brüllte deutsch-ungarische Kommandos, aber nichts weiter passierte. Molli dachte wohl: »Super! Wir spielen wieder ›Jag den Mops‹ und ich weiß auch schon, wer hier heute gewinnt!« Ich feuerte sie auf Kakadu an und die Mamis waren schon völlig am Ende, obwohl wir noch nicht mal geschlossen aus dem Auto draußen waren …! Molli wurde eine ganze Strecke weiter vorne dann gestellt und wieder angezogen. Sie sah bereits etwas gebraucht aus.

Sara war fix und fertig, versuchte sich die matschigen Hände irgendwo abzuwischen. »Wiesso iesst Moolliiee spliettärnackt?! Kain Värschluss iesst aufgämacht und da untän iem Fußraum iesst äs total änk …?!« Aber Hundini, der niedliche Entfesselungskünstler, verriet niemals ein Geheimnis!

Molli war dann ansonsten auch nach dem Einfangen wieder ziemlich schwerhörig heute. Sara brüllte immer nur: »Niecht hiensetzän!« Trotzdem musste Molli am Abend baden, hatte dann wohl doch öfter mal kurz gesessen … Mama rief auf einer Brücke von hinten: »Calimero, du Maikäfer-Bulle! Du gehst so steifbeinig, als hättest du eine künstliche Hüfte!« Sara fiel fast in den Dreck vor Lachen. Molli sagte mit den Augen: »Nicht hinsetzen!«, und Sara gehorchte wirklich. Mein Gott, ich war schon wieder *sowas von dreckig*! Von oben bis unten voller Schlamm und Schlick. Mama ächzte: »Den Hund kannst du original wieder nur noch kärchern, oder wegwerfen …!« Harr, ich hasste sauber und musste noch vor dem Einsteigen in den Boxring irgendwie trocken gereinigt werden. Mama sagte leicht verzweifelt: »Ieh. Wie? Warum?? Und überhaupt – wann …?!« ›El Matschbombo‹ schwieg sich aus, keine Geheimnisse wurden hier verraten.

Feuchte Flips und Axel Foley

Es war nämlich wirklich so, wie Mamis Freundin das damals gesagt hatte: »Sein Name ist Flipper – und es ist eine Sie!« Ich bin Flipper, darum musste ich auch immerzu flippen, ich war nämlich an gar nichts schuld! Ich wurde ja nie müde damit, Mami schon. Das Neueste, was ich draufhatte, war der grandiose Wannen-Flip! Wenn ich in die Wanne gesetzt wurde und die Brause kam, fing ich sofort an nach Leibeskräften zu flippen. Ich flippte jetzt oft, denn es war mittlerweile ja wirklich Sommer geworden und sehr heiß manchmal. Ich als Kurznase fühlte mich dann einfach am besten in nass. Oh, ich liebte es, nass zu *sein*, aber ich hasste es aus Leibeskräften, nass zu *werden*! Und es war mir völlig schnuppe, dass ich logischerweise das Eine nicht ohne das Andere haben konnte. Weil ich auf den nassen Pfoten in der nassen Wanne auf all den nassen Haaren hektisch immer wieder wegrutschte und mich überschlug, wieder genauso hektisch aufzustehen versuchte, nannte ich es den Wannen-Flip. Mami nannte es Breakdancen und sagte neulich entkräftet, und ebenfalls sehr nass, der gute alte Herbie Hancock könnte so was von einpacken gegen mich … Ich turbulierte volle Pulle unter der Brause, ungefähr wie ein entfesselter Propeller. Und Mami sang dazu in monotoner Manier etwas, das sie ›das Axel-F-Theme‹ nannte. Angeblich eine Top-Hit-Filmmusik aus den Achtzigern. »De-dett-dededede-de-dett-dettdedettdettdeeeeee …« Komisch. Mama sagte beim Ausputzen der extrem unappetitlich schwarz angehaarten Wanne: »Du musst ein Bruder von Eddie Murphy sein! Ihr seid beide schwarz, besitzt dünne Beinchen, habt riesige Kulleraugen und benehmt euch ganztägig unaussprechlich nervig …!« Eddie??? Hach, das könnte mir schon auch gefallen! Oder noch besser: Murphy! Codename: Murph! Ist *das* mal ein cooler Name für einen schwarzen Mops, der ja sogar breakdancen kann?! Sagt doch mal!

Dann wrang sie all meine vielen nassen Falten aus, wickelte mich in ein Handtuch und klemmte mich unter ihren Arm wie eine Clutch mit Nasenfalte. Ich: strampeln, tropfen, zappeln, quieken, haaren, fast wegflutschen … Dann ließ sie mich nasse Clutch ins Treppenhaus clutchen. Und jetzt wieder ich: Der gute alte Murphy clutchte sich sofort voll hin und gab den Treppenhaus-Flip! Live, in Farbe und 3D – bald auch On Ice! Wenn ich nass war, musste ich eben nun mal einfach flippen und sofort Panade auftragen! Sofort!!! Auch wenn gar keine Panade da war. Egal! Kopf auftippen, rechts reinschrauben, umfallen, schubbern. Aufklatschen, feudeln, wälzen, ächzen – das volle Programm! Hinterher war dann immer der gesamte Treppenabsatz schön durchgefeudelt und ich: staubig mit Trockenblattbesatz und Fusseln am Hintern. Dafür dann aber schon wieder halb trocken, cool. Die Nachbarin fragte schon neulich überrascht, warum Mutti eigentlich immer zwischendurch oben noch mal das Treppenhaus feucht durchwischte …?! »Mach ich gar nicht«, sagte sie da lakonisch »Das macht *er* immer! Das ist der Treppenhaus-Flip, Sie verstehen …« Sie verstand gar nichts, aber das konnte man nun auch nicht mehr ändern!

Mon Chérie

Heute war Lämmer-Tag: Zwei Lämmer im Geschirr an der Koppel und viel Spaß in der Wiese, so schön! Sara war jetzt angesteckt von Mama: Die ist jetzt auch völlig verrückt geworden. Sie taumelte die ganze Zeit herum, sagte, sie habe ihren Kreislauf verloren und finde ihn nicht wieder! Vielleicht habe Molli ihn aus Versehen gefressen?! Sie sei heute so klapprig wie ein alter Zollstock im Windkanal … Ich hatte nichts gerochen, aber dachte, sie müsste ja wohl total betrunken sein. Weil sie dann noch so irres Zeug redete wie sonst nur *meine* Mama. Sagte Sachen wie: »Wenn iech noch mal heirratä, dann heirratä iech nur noch Moolliie!« Das ging doch gar nicht! Molli war mit *mir* verheiratet! Und jeder wusste: Mops-Liebe ging nur einmal so doll und dann auch nie wieder weg! Und so was erfand Taschenrechner und salzte Erdnüsse … Ich verstand es ja immer nicht!

Es wurde dann glatt noch schlimmer, ich hätte es ja wissen müssen. Mama hing schon bald an einem Baum und konnte nicht weitergehen vor Lachen. Die verrückten Geschichten von Hadservuskallimährroo machten ihr so einen Lachanfall, denn Sara erzählte aus dem Nähkästchen. Der Zahnarzt hatte neulich die totale Pizza-Bremsspur auf der neuen Zahnarzt-Hose gehabt. Hatte sich nämlich mittags eine Pizza geholt und weil es so kalt war, hatte er gedacht, die arme kleine Pizza könnte ja frieren! So hatte er sie dann zusammengeklappt und hochkant unter seine Jacke gestopft. Aber die Pizza hieß wohl auch Calimero, oder war mit Calamari – die wollte auch nur raus in die Freiheit! Schickte dann schon mal einen Spähtrupp mit Tomatensoße vor, um zu gucken, ob die Luft rein war! Die Suche ist aber dann nicht weit gekommen, nur bis runter zur weißen Hose. Da hielt sie an und sagte: »Luft ist rein, Hose nicht, sieht das hier mal aus wie die Sau!« Sara sagte dazu dann gar nichts mehr, sondern schlug sich nur noch die Hand klatschend vor die Stirn. »Wie iesst dass möglich, dass ain ärwachsänär Mann nur mal kurrz raussgäht und zurückkommt wie ain Unfall?!«

Mama konnte nicht mehr, aber der Zollstock wusste noch mehr geheime Geschichten! Erzählte dann noch die Geschichte vom Mon Chéri. Hadservuskallimährroo wollte nämlich nicht, dass Sara es abkriegte, und steckte es sich daher vorsorglich für später in die hintere Hosentasche. Dann hatte er es leider sofort vergessen. Und als er aufs Klo ging im Flugzeug, sagte Sara zu ihm: »Hörr mal, du hast da hientän was: rot, braun, breit gelaufän, sieht gar niecht schön auss!« Hatte er ewig nicht gewusst, was könnte das sein: rot, braun und breit gelaufen … Verrutschte Hämorrhoiden vielleicht?! Aber dann fiel es ihm wieder ein: Das war doch seine Beute von der Geburtstagsparty! Und er wollte nicht, dass die jemand anders kriegte! Jetzt musste er zwei Tage so in Ungarn damit rumlaufen. Besser niemandem erzählen, dass er eine eigene Praxis in Deutschland hatte und einen guten Ruf … In Ungarn würde ihm das nach *der* Geschichte dann garantiert keiner mehr glauben, sagte Sara atemlos. Menschen waren oft so doof, ich sagte es doch immer wieder! Die Regel lautete offensichtlich: Beute *immer* gleich fressen, nicht erst ins Fell stecken! Zur Not auch gleich mit Papier, dann ist das nicht mal Umweltverschmutzung und die Sache mit dem Extra-Kotvolumen ist auch geritzt …

Sara erzählte weiter, dass Hadservuskallimährroo außerdem alles immerzu verlöre, immer schon! Mütze verloren, beim Skifahren, schon wieder, warum? Mama sagte lachend: »Ö braucht ein langes Band! Wie ein Baby, da hängt auch immer alles am Band! Mütze, Handschuhe, Brille, Mon Chérie, Pizza, Bohrer: alles immer am Band um den Hals! Und alle sagen zu dir: »Was hat dein Mann für einen schönen, langen Hals, wie macht er das nur …?« Wäre das nichts? Ich kann dir eines häkeln, sagen wir in Hellbau?« Und die Mamis lachten wie verrückt die ganze Zeit. Aber das fand sogar ich komisch, ich verlor doch auch immerzu alles …! Nur keine Pizza und auch garantiert keine Leckerlis!

Bonanzpi

Sara sagte Mami heute, der Mops-Film von gestern war schlecht, sie könnten davon nichts lernen, bräuchte sich Mami gar nicht erst anzugucken. Mama sagte, vielleicht hätte Sara das falsch verstanden und der Film sei gar nicht für Menschen, sondern für Möpse: Damit der Mops sehen kann, wie er sich den Menschen richtig erziehen muss …?

Neues Pipi-Lied, schon wieder, ich fass es nicht! Mami sang und hoppelte wie ein Pferd zur Filmmusik aus Bonanza: »Pi-pippeldi-pi-pippeldi Bonanzpiii!« Ich wollte das bitte so nicht! Guckte immer nur verschämt zur Seite und versuchte sie dezent zu überholen, damit ich das Elend da nicht auch noch mit ansehen musste. Und auch damit es so wirkte, als seien wir uns nur ganz zufällig hier begegnet! Vor Schreck hob ich das Bein mitten in der Wiese, völlig ohne Baum, Busch oder Fahrrad. Ich wollte hier nur noch ganz schnell weg! Auf meinem Gaul, dem pissgelben Sonnenuntergang entgegen, pipelpipiiii …!

Aber das, was immer auf der Gartenrunde passierte, fand ich sehr lustig! Wir mussten durch einen engen Fußgängertunnel, zuerst runter und dann wieder rauf. Weil es so gruselig drin hallte, wollte Calimero natürlich mal wieder nicht rein, der Tiefgaragen-Koller, den kennt man ja nun schon. Mami ging aber irgendwann einfach weiter, der ewigen Diskussionen mit mir müde, wie sie sagte. Und ich stand da oben, ganz allein und total gegruselt! Dann packte ich aber allen Mut und raste wie angestochen los, auch damit ich schneller wieder bei Mami sein konnte! Und natürlich, damit ich wieder schneller aus dem gruseligen Tunnel draußen war. Der Hall warf das Schlagen meiner wilden Hufe auf dem Asphalt wieder (und auch mein doofes Geröchel, aber lassen wir das jetzt). Mami drehte sich um und sang begeistert: »Dingdiddeldingdiddeldingdiddelding-ding – Bonanzwurm ...!« Nue genaue. »Oder wärst du lieber Wurmnanza ...?«, fragte sie mich draußen. Keine Ahnung, ich mach hier nur Vertretung ...

Original und Fälschung

139

Kacktüten-Streber

Ich weiß was: Mami ist ein Kacktüten-Streber! Echt jetzt, ich wusste es aber auch schon vorher. »Ich bin ja ein Sammler!«, sagte sie immer im Brustton der Überzeugung und hob auch noch die kleinste Calimero-Erdnuss auf, wenn sie doof am Weg rumlag. »Es ist auch etwas Selbstschutz dabei …«, sagte sie dann noch grimmig »Weil: um mit Scheiße zu bescheißen, bin ich einfach zu blöd!« Ja, das stimmte leider. Das wusste auch ich spätestens nach diesem einen Spaziergang da, mitten durch irgendeine wilde Pampa. Das war so: Ich setzte meinen feuchten Meisterschiss weder links ins hohe Gras noch rechts ins dichte Gebüsch … Nein, ich tat erst ewig rum, als würde ich gleich was Brandwichtiges erfinden. So lange, bis Mami schon wieder anfing zu lamentieren: »Es kann nun nicht mehr lange dauern! Wenn ich den Bienentanz da richtig deute, sollte die Königin demnächst bereit sein, ihr erstes Ei abzulegen!« War sie. Der kleine Meisterscheißer setzte sein Ei dann elegant *direkt* mittig auf den schmalen Weg. Voilà. Unter dem Laufen: *dupp-dupp-dupp*, wie ein Ackergaul! Mama war völlig genervt: »Ein Meisterschiss, fürwahr! Das Ganze auch nur auf einer Lauflänge von über 40 Zentimeter orchestriert! Fein, dass ich ja sonst keine Ziele mehr im Leben habe!« Und dann überlegte sie, dass es ziemlich ätzend wäre, jetzt mit einer Plastiktüte voller Meisterschiss in der Hand stundenlang durch eine hitzeglühende Landschaft im Hochsommer zu hatschen. Und das alles nur, um das Prachtstückchen schließlich doch wieder mit ins

Auto nehmen zu müssen, wo es dann gar kein Entkommen mehr vor ihm geben würde! Bei uns bemerkt: Mami nahm ungern Tüten und Geheimfüllung mit ins Auto, denn die hatten schon gelegentlich die unangenehme Angewohnheit gezeigt, sich beim Abbiegen außer Sicht zu bewegen. Dann setzte in der Tiefgarage regelmäßig die Kacktüten-Demenz ein. Und wenn man *dann* ahnungslos das nächste Mal die Tür öffnete: Eau de Mops, mehr sag ich nicht …

Der Zahnarzt war in so etwas übrigens hochbegabt und machte, laut genervter Sara, auch niemals eine Pause. Sara machte den Golfsack auf: Keule auf Nase – neben dem Putter klemmte eine volle Kacktüte! Sara machte die Autotür auf: Keule auf Kopf – Fußraum hinten, zwei volle Kacktüten! Sara ging im Flur vorbei und zog eine üble Schwade mit sich: Reizhusten – volle Kacktüte in der Windjacke! Sara machte den Kleiderschrank auf: Brennen in den Augen – volle Kacktüte im Kapuzenpullover, schon gut abgelagert! Sara machte die Waschmaschine auf: Ohnmacht – alles stank ganz schrecklich, hatte braune Flecken, und am Ärmel vom Polohemd hing ein hellroter, dünner Plastikfetzen: eine Kacktüten-Leiche!

»So nicht!«, dachte Mama da entschlossen. Also musste ein Plan her, ein Meisterplan für den Meisterschiss. Mama guckte also geheimnisvoll von rechts nach links und kickte mit einer gekonnt wirkenden Bewegung meine gelegten Eier meisterhaft in den Busch. Und noch mal. Und noch mal … »Geht doch, wenn es mal muss!«, sagte Mami grimmig und sah dabei aus wie Rambo im

Dschungel. Wir gingen. Die Sonne brutzelte heftig und Mami rümpfte immer wieder die Nase: Was stank denn da bloß so fürchterlich?! Es war, als würde uns eine fette Schwade vom Meisterschiss dicht verfolgen. Mami drehte sich um: nichts zu sehen. Und irgendwann dann musste sie der Sache auf die Spur gehen, denn sie hätte langsam schon den Geschmack davon im Mund, behauptete sie. Da uns aber nichts verfolgte, nichts Festes und nichts Gasförmiges, musste es folglich an uns selber sein. Mama untersuchte meinen Hintern und alle Pfoten: Ich war sauber. Mami untersuchte ihre Schuhe: Volltreffer! Der Meisterschiss, den sie schon beim ersten Mal versenkt zu haben glaubte (einfach weil er dann ja auch verschwunden war), klebte noch immer in voller Pracht außen am linken Schuh. Er hatte sich im Fahrtwind breitgearbeitet und hochgewischt, was schlecht war, denn es handelte sich um einen mit Netzstoff bespannten Sportschuh. »Wo sind die Kärcher, wenn man sie mal dringend braucht!«, jammerte Mami und trieb beim Versuch, im hohen Gras den Meisterschiss loszuwerden, das ganze Zeug nur noch tiefer in die ganzen Poren hinein. »Zu blöd, um zu bescheißen…!«, grollte sie »Ein Hoch auf die Kacktüte!«

Und spätestens seitdem war sie ziemlich stinkig, wenn sie jemanden sah, der seine Meisterschisse liegenließ. Neulich war es so ein zotteliger Hirtenhund, der mitten auf dem Gehweg dann den Ackergaul gab: *dupp-dupp-dupp*! Ein volles Pfund ließ der da ungehindert unter sich. Mami, wie die Tarantel, sofort hinterher: »Gäh, Sie! Ihre Ameisenkönigin hat gerade eine Menge Eier gelegt, die sollten Sie schnell mal retten, bevor böse Schuhe sie zertreten!« Der Typ hampelte uninteressiert herum so von wegen: »Ach …« und »So?« und »Hmpf …« und »Nicht gesehen …« und »Hatte doch schon …« Mami tippte hektisch mit dem Fuß auf: »Erhebender Beitrag. Ich sehe Sie jedoch nicht umkehren, um hinter Ihrer Ameisenkönigin mal aufzuräumen?!« Und noch mehr Geeier der Marke: »Kann aber nicht sein …« und »War ich nicht …« und »Hab's eilig …« und »Keine Tüte mehr …« »*Das* kriegen wir doch hin!«, schallte Mama gespielt enthusiastisch, drückte dem Verdutzten eine Kacktüte in die Hand und zog ihn mit seiner Ameisenkönigin am Band einfach rüde rückwärts. »Zeigen muss ich Ihnen das Spektakel ja nicht: Es ist immerhin groß genug, dampft noch und liegt auch schön mittig!«, sagte Mami angeekelt und war wieder mal froh, dass eine so kleine Ameisen-Rosette wie meine auch nur relativ kleine Ameisen-Eier produzierte.

Dort am Tatort hantierte der angepestete Typ dann so dermaßen unsportlich und bocklos mit der Tüte herum, dass Mami ärgerlich sagte: »Genau *das* habe ich mir nämlich schon gedacht! Sie haben in Ihrem ganzen Leben noch *keine einzige* Kacktüte in der Hand gehabt, geschweige denn die Hinterlassenschaften Ihres Zuckerstückchens damit mal aufgehoben!« Der Typ maulte vor sich hin und machte das Fiasko auf dem Gehsteig noch wesentlich schlimmer dabei. »Wissen Sie, dass es 50,– Euro Sofortkasse kostet seine, äh, *Sachen*, nicht mitzunehmen?!« Er wusste von gar nichts, wollte auch nichts wissen und verfugte den Gehsteig gerade ungeschickt in mittelbraun. »Und dass es sogar eine Anzeige wegen Unbelehrbarkeit gibt, wenn Sie mehrfach erwischt werden?!« Der Typ wurde jetzt richtig stinkig, hatte schon einen roten Kopf und maulte aggressiv los: »Dafür zahle ich ja wohl Hundesteuer!« Seine Ameisenkönigin zerrte genervt an der Leine, wollte wohl zur nächsten Eiablage durchstarten. Mami sagte erstaunt: »So, glauben Sie das wirklich!? Die Hundesteuer berechtigt Sie zu gar nichts und wird auch *nicht* dazu benutzt, um *Ihre* Scheiße vom Gehweg zu kratzen! Die Hundesteuer ist eine dem Grundgesetz widersprechende Steuer, die keinen nachgewiesenen Zweck hat! Der Gesetzgeber geht nämlich davon aus, dass wenn jemand so viel Geld hat, dass er freiwillig einen Hund durchfüttert, er auch genügend Geld hat, um noch eine Extra-Steuer zu bezahlen!« Der Typ war völlig uninteressiert und schwitzte bereits sichtlich über der mittlerweile völlig breitgeriebenen Steißgeburt seines schmuddelig wirkenden Zuckerstückchens. »Jetzt hauen Sie endlich ab! Sie *sehen* ja, dass ich es aufhebe!«, brüllte er, mittlerweile richtig sauer und ohne aufzublicken. »Ach, ich bringe Sie wohl raus, stimmt's …? ›Aufheben‹ würde ich das übrigens nicht nennen. Dazu bräuchten Sie nämlich mittlerweile einen Spachtel!« Aber dann gingen wir. Als wir zurückkamen, lag auf dem Gehsteig ein breiter, brauner Fladen und im nächsten Gebüsch hing die offen dampfende Kacktüte mit Inhalt … Danke für das Gespräch.

So was machte Mami richtig sauer. Da hoben die Leute die Hinterlassenschaft nun schon mal auf und schmissen dann die in Plastik eingewickelte Scheiße einfach in den nächsten Busch. Dachten die, das regne dann schon weg?! Dachten die *überhaupt*?! Sie schrieb wütend ein paar Zeitungen an: Die Stadt baue immer mehr Mülleimer ab und wundere sich aber, dass alle Büsche rot und in Kacktütenform blühten?! Und die Hausbesitzer kriegten mittlerweile nicht nur die teuer getünchten Hauswände angepinkelt, sondern dazu auch noch die sauber eingetütete Scheiße in den Garten hinterhergeworfen. Oder in die Biotonne. Oder in den Briefschlitz! So sei es kein Wunder, dass in Wohngebieten die Toleranz gegen Hundebesitzer deutlich rezessiv war, leider aber gleich gegen *alle*. Und das, obwohl sich ja immer nur *einige* da so asozial aufführten. Die TZ druckte das sofort ab, leider aber nur sehr weichgespült: »Darum lieber Oberbürgermeister, stelle doch bitte, bitte wieder mehr Mülleimer für uns Hundebesitzer hin!« Das Ganze dann mit einem Bild von uns beiden, Gott sei Dank ohne vorwurfsvoll in die Kamera gehaltene, volle Kacktüte – die hier übrigens vorschriftsmäßig nur ›Hundekotbeutel‹ genannt wurde. »Streber-Deutsch!«, knurrte Mami »Lieber Oberbürgermeister, bitte, bitte, mache dir jetzt aber nicht vor Schreck ins Kotbeutelchen …!«

Steckerlfisch

Ich habe ein neues Leibgericht: Steckerlfisch! Das ist eine am Stock im heißen Rauch golden gegrillte, fein herausgewürzte Makrele. In Norddeutschland ist sie auch als Stockfisch bekannt, aber bei weitem nicht so berühmt wie hierzulande, wo kein Volksfest ohne Steckerlfisch denkbar wäre! Wir sind auf einer wunderbaren Gartenmesse gewesen, und als wir dann im Herbst noch mal hinkamen, war die aber ganz doof. Also tröstete Mami uns mit einem frühen Dinner: Steckerlfisch! Ich durfte neben ihr auf der Bank sitzen und sie reichte mir die Häppchen an, wenn sie etwas abgekühlt und entgrätet waren: One for me, one for you! Ich war der allerkonzentrierteste, allerbravste und allersüßeste kleine Mops, den man dort jemals gesehen hatte! Schon vorher waren ja die schönsten Frauen in ihren hübschen Seidendirndl in den Kies vor mir gefallen, nur um einen Blick aus meinen Kulleraugen zu erhaschen ... Aber da ich mir die Puppen ja nun offensichtlich aussuchen konnte, lief ich teilweise dann auch einfach vorbei. Nun standen sie alle Schlange, um mir beim Fischessen zusehen zu dürfen, Menschen sind schon auch merkwürdig.

Oh, dieser herrliche Geschmack! Diese Zartheit des hellen, süßlichen, heißen Fleisches! Dieser hohe Fettgehalt! Diese Knusprigkeit der goldenen Haut! Ohhh ... es war das, was Mami ›eine echte Superbeute‹ nannte. Und das war sie wirklich: fett, reichhaltig, geschmackreich, schnell zu fressen! Und es wäre mir *niemals* eingefallen, die Pfote auf den Tisch zu legen, nach dem Fisch zu angeln, aufzustehen oder gar danach zu schnappen. Ich saß adrett und vollkommen selbstbeherrscht neben ihr und wartete, bis mir jeweils die Häppchen angereicht wurden. Die küsste ich dann mit gespitzten Lippen zart aus den fettigen Fingern. Ich wusste genau, dass dies hier ein exorbitantes Vergnügen war und dass ich mir keinerlei Fehltritt erlauben konnte! Das war ein echtes Wolfs-Happening. Wir hatten zusammen gejagt und wir hatten auch was geschlagen. Dann waren wir in eine geschützte Höhle gegangen und nun teilten wir die Beute fair unter uns auf! Und nicht der Chef fraß sich zuerst ganz satt und ich kriegte die Reste, sondern ich saß auch mit auf dem Thron und ich kriegte auch zuerst, wie ein König! Ich war jetzt ein Hundebaby und kriegte den fetten Fisch von Mami angereicht … Ich genoss jeden Moment aus vollen Zügen und hätte ewig so weiterfressen können! Mami ächzte schon und sagte: »Boah, mir wird langsam blümerant! Sag mal, ist dir nicht schon *längst* übel?!« Nö …? Dann zerfledderte sie sogar noch den Kopf für mich! Ich kriegte die knusprige Kopfhaut, das saftige Fleisch aus den Backen, die weichen Barten, das winzige Hirn und – am leckersten – die knackigen Augen! Mama sah dann allerdings nicht so aus, als wolle sie auch noch was davon … Als Nachtisch verknusperte ich dann noch den harten Schwanz. Dann war außer dem Rückgrat und ein paar losen Knöchelchen wirklich nichts mehr übrig!

Mein Gott, hatte ich danach einen Brand! Ich soff und soff und soff, wie ein Kamel, so dermaßen gierig, lange und laut, dass die Leute stehen blieben und sich schon wieder über mich schieflachten … Mir doch egal! Und dann hatte ich leider den Flip! Der gute Geschmack, der volle Bauch, die vielen neuen Eindrücke, das ganze Omega-3 … Es muss der Makrelen-Flip gewesen sein! Ich spürte, mit noch tropfendem Mäulchen und etwas Fisch an der Stirn, einen Rennflash nahen. Ich konnte mich nicht dagegen wehren und riss mich dann spontan los! Raste mit fliegender Leine, hechelnd und ächzend, Kies und Erde hinter mir wegschleudernd, mit steif abgespultem, waagerecht gehaltenem Schwanz, zurückgeklappten Ohren und völlig bekloppten Blick wie gestört immer wieder im weiten Kreis über die Fläche. Dann nahm ich ein kurzes Bad im Rosenteich, trank unter dem Rennen noch etwas weiter und so erfrischt ging es dann in die zweite Runde …! Das machte ich so lange, bis ich Sterne sah. Ja, obwohl es immer noch hell war! Sie gingen auf, als ich mit vollem Karacho, warum weiß keiner, mit gesenktem Kopf voran, in einen ganzen Stapel Stühle mit Metallgestänge raste. Es knallte, es schepperte, ein Stuhl kippte um und ich kippte auch um. Dann schüttelte ich mich völlig benusselt, blickte um mich, sah all die lachenden Leute und verschwommen auch eine kopfschüttelnde Mami mit hochgezogenen Augenbrauen. Ich setzte mich erst mal hin, innerlich aber wieder zur Ruhe gekommen und auch schon wieder einigermaßen betriebsfähig. Mann, war mir jetzt schwindelig, hatte einer die Nummer von dem Bus notiert, der mich da eben umgefahren hatte …? Die Sterne kreisten um mich, oder waren es Kanarienvögel, oder kleine goldene Makrelen …? Keine Ahnung! Da saß ich dann: benusselt, grinsend, nass, hechelnd … und alle lachten mich an. Ein voller Erfolg dieser Tag wieder mal!

Wer das war, weiß ich jetzt so spontan auch nicht

Verfolgungswahn

Ich konnte schon wieder was Neues! Eigentlich kamen ja sogar *täglich* neue Auftritte, seit ich voll in der zweiten Pubertät angelangt war … Mami war manchmal jetzt wieder etwas überfordert und sagte zur Züchterin: »Das ist schon noch mal ein gigantischer Unterschied zur ersten Pubertät! Da legte man die Pfote auf, um mal zu gucken, *ob* was passierte, war eigentlich egal. Es gehörte halt zum guten Ton, das wurde so erwartet, also machte man das … Aber in der zweiten Pubertät legt man die Pfote jetzt auf, *damit* endlich mal was passiert …Und das tut es dann ja auch …!«

Aber Mami war *gar* nicht froh über mein neuestes Kunststückchen! Züchtermami übrigens auch nicht. Sie sagte:»Ja, ja, ja, da schlägt die sportliche Mama voll durch, der Rennfloh …« Die Gene also mal wieder! Ich war an gar nichts schuld, wie entspannend! Es hieß ja immer, Möpse wären am Jagen generell nicht interessiert. Das musste aber leider ein Schreibfehler gewesen sein, und seitdem schien es einer nur immer vom anderen abzuschreiben, ohne es jemals nachgeprüft zu haben. Es stimmte nämlich nicht! Oder war ich doch so eine Art plattnasiger Terrier? Meine Züchterin sagte: »Generell kann man tatsächlich sagen, dass Möpse mit Eichhörnchen lieber eher chillen, als sie zu Tode zu hetzen und dann aufzuessen. Aber in *jedem* Hund steckt nun mal ein Wolf, wenn der auch im Mops schon ca. 5 000 Jahre lang nicht mehr persönlich vorbeigeschaut hat! In *jedem*

Hund steckt auch immer ein Sichtjäger! Und Sichtjäger verfolgen nun schon mal ganz automatisch schnelle Bewegungen! In Amerika ist auf dem Lande die häufigste Todesursache von Möpsen übrigens das Verfolgen von Schneepflügen – ich erspare Ihnen die Einzelheiten!« Dafür war Mami dann sehr dankbar.

Mein Bewegungs-Jagdmuster war anfänglich eher klassisch: Miezekatze. Jogger. Kind auf Mini-Fahrrad. Rollerblader. Das haben wir uns dann mit vielen Leckerlis und etwas Gebrüll wieder aberzogen, bevor es sich so richtig festsetzen konnte. Aber dann! Ich entdeckte nämlich eine echte Leidenschaft für Dieselmotoren, ich sag nur: Schneepflug! Wenn ein Diesel hinter mir vom ersten in den zweiten Gang schaltete, dann war das *meine* Chance! *Das* war mein Schlüsselreiz! Ich tappelte also ganz unauffällig vor mich hin, tat völlig unaufgeregt und ganz so, als hätte ich *gar nichts* bemerkt. Mami war nach einem Kontrollblick auf mich beruhigt. Dann überholte uns jedoch der Wagen und *das* war dann mein Aufruf! Ich gab plötzlich Gas, von null auf Mopsgeschwindigkeit, und verfolgte das Auto auf dem Gehweg mit nach hinten rechts blöd weggeschmissenen Pfoten! Der Plan war natürlich, ihm von vorne den Weg abzuschneiden und es so zum Halten zu zwingen! Aber das klappte leider nicht ein einziges Mal … Nach 300 Metern Sprint hatten mich nämlich zumeist die Kräfte verlassen und ich blieb, von einem zum anderen Ohr grinsend, stehen, um auf Mami zu warten. Einige Autos blieben während meiner Verfolgung völlig überrascht stehen und warteten, bis Mami erschöpft und genervt angehetzt kam.

Brüllen nützte nichts, denn ein Hund im Jagdmodus konnte natürlich nichts mehr hören, außer dem Rauschen seines eigenen Blutes in den Hängeöhrchen! Das schien übrigens etwas zu sein, dass viele Hundebesitzer gar nicht zu wissen vorgaben. Wenn ihr Köter abzischte, brüllen sie nämlich oft erst mal ein paar Minuten erfolglos hinter ihm her! Mama hatte es es dann bald kapiert und sparte sich die Luft zum Rennen!

Die meisten von denen, die netterweise anhielten, waren zum Glück unheimlich schlau und belehrten Mami gerne darüber, dass sie vielleicht mal eine Leine benutzte und ihren Hund anständig erzog?! Mami redete dann in Zungen wild gestikulierend auf diese ein und tat, als sei sie Ausländerin und verstünde kein Wort. Der unerzogene und ungezogene Hund wurde dann ärgerlich angeleint und als bockiges Bündel mitgeschleift. Bis zum nächsten Mal, Harr.

Bandscheibe

Habe eine tolle Schote gebracht! Große Aufregung, würde ich aber trotzdem nicht wieder bringen, das tat nämlich lausig weh! Also: wir waren shoppen in Schwabing und ich war auch: nämlich **a.**) mit und **b.**) total genervt. Also machte ich so lange Mist im Geschäft, bis Mami mich, jetzt völlig genervt ebenfalls, ausnahmsweise mal hoch auf den Arm nahm. Da schmeckte ich dann sogleich fettes Oberwasser und machte mit meiner Bezauberung weiter. Strampeln, Quieken, Um-mich-Treten, Festkrallen, Rangeln, Klettern, mich aus dem Griff rauspressen … Das volle Programm mit allen Extras! Das Ganze fand dann seinen vorläufigen Höhepunkt, als Mami zu zahlen versuchte. Als ich die Gelegenheit ergriff und mich auf ihre Schulter hocharbeitete, als sie die Hände dann gerade total voll hatte! So, da saß ich dann, kackfroh, oben auf der glitschigen, weißen Regenmantelschulter und schwankte wie ein Fischkutter auf hoher See.

Mami fand das gar nicht gesund und versuchte mich da oben runterzuangeln. Aber nicht mit mir! Ich war hier doch unangefochten der einzige Chef! Ich war ganz oben angekommen, endlich! Jedenfalls für einen sehr kurzen und sehr berauschenden Moment. Mami angelte nach dem Chef, doch der Chef versuchte sich dem Zugriff zu entziehen, indem er sich nach hinten verdrückte. Mami beugte sich vor, um den Chef nach vorne vom Baum runterzuschütteln. Der Chef sprang aber bockig nach hinten – leider dann voll ins Leere! Es machte *glllii-

itsssccchhhhh* und der Mops hing nach rasantem Karriere-Rutsch und einem heftigen Ruck dann einen guten Meter hoch am Halsband über der Erde. Mami sagte dazu nur unfroh: »Das wird Folgen haben!« Aber am Anfang sah es noch gar nicht so aus. Ich machte dann noch etwas weiter mit meiner Unausstehlichkeit und bis zum nächsten Morgen war die Sache dann fast vergessen.

Tja, und dann wurde ich gerufen und kam nicht. Ich wurde gelockt und ich kam nicht. Mami guckte, ob ich vielleicht irgendwo ohnmächtig rumlag, und fand mich im Schlafzimmer. Da hing ich halb aus dem Nest und wirkte dabei dann leicht querschnittsgelähmt. Ich piepte leise und versuchte zu robben. Da wusste Mami sofort Bescheid: »Ich *sagte* ja, dass es Folgen haben würde! Die Bandscheiben!« Also wurde der piepende, sorgenvoll quiekende Hund in die Transport-Box gestopft, vorher natürlich alle dort ansässigen Perserkatzen entfernt, und dann ging es mal wieder ab zum Tierarzt. Der hörte sich die Story an und stützte Mamis Diagnose nach Sicht- und Tastbefund: Ischias! Ich konnte hinten ja nicht mal mehr alleine stehen, so weh tat mir das alles! Ich bekam Spritzen, verzichtete auf das Leckerli und sollte noch ein paar Tage lang Schmerzmittel einnehmen. »Schonen Sie den kleinen Chef!«, sagten sie alle lachend. »Keine Bergtouren mehr dieser Tage! Zur Not müssen Sie ihn dann eben stützen, wenn er zum Pipimachen noch nicht alleine stehen kann …« Na bravo, da hatte ich ja wirklich ein echtes Ding gelandet.

Kaum hatte sich Mami, die zum zweiten Mal an diesem

Vormittag im Stau zwischen Ost- und Westend steckte, etwas beruhigt, fing sie auch schon wieder das Meckern an: Und *bla* wie ungezogen das gewesen wäre und *blubb* wieder mal so typisch und *fasel* wie unnötig und *sabbel* musste das jetzt wirklich sein?! Musste.

Und genau *das* tat ich dann auch, als ich in der Box Richtung heimatliche Wiese eingeschwenkt wurde: müssen! Ich sah das Gras durch die Gitterstäbe und schaltete vom sorgenvoll piepsenden Jammerbündel in querschnittsgelähmt gleich mal um in ein wütend ächzendes Höllengewächs! Ich begann zu schreien und zu rappeln und fiel Mami in dem wild wackelnden Container erst mal gleich voll aus der Hand, quiekte erst recht sauer und kratzte wie irre am Gitter. Mami machte also ergeben die verdammte Dose auf und ließ das lädierte Mopsfilet da raus. Ich stürzte förmlich hervor und trug in der Wiese dann erst mal sehr gründlich eine frische Lage nassgeregnete Schnittgras-Panade auf. »Scheint ihm aber ganz gut zu gehen …«, sagte Udo skeptisch, der den Panadeauftrag verfolgte. »Sieht so aus«, knirschte Mami entnervt und musste jetzt auch noch im strömenden Regen Gassi mit mir gehen. Einfach weil ich mich ganz einfach weigerte, da jetzt auf Krampf irgendwohin zu machen. Man merkte mir *nichts* mehr an. Hinterher: Wir beide und der blöde Container waren pitschenass. Ich, unter Drogen und leer, kriegte gerade richtig Lust auf ein kräftigendes Frühstück. Also schepperte ich zu Hause dann gleich mal nachhaltig an allen Näpfen herum. Mami kriegte gerade Lust zu liegen. Mittwoch, 11:30 Uhr, alles im Normalbereich.

Salatschnecke in XXL

Ich konnte was Neues und hatte es neulich dann auch schon dramatisch zur Aufführung gebracht! Schon länger war ich ja als Schnecke unterwegs: Ich lag wie ein etwas angekokelter Spaghetti lang auf dem Boden, zog dann mit wichtiger Miene das Köpfchen hoch, schloss die Augen halb und robbte mich auf den Ellenbogen dann so gemächlich dahin … Sah zum Schreien aus und Mami freute sich eigentlich immer, wenn sie mich so erlebte. Einmal nicht. Das war im Garten, und Mami stand im Stichweg, ratschte, ratschte und ratschte … Calimero hampelte herum und Mami sagte streng: »Keks!« Das war unser Geheimkommando für »Platz!« Denn sie musste immer an Otto Waalkes denken, wenn das einer zu seinem Hund sagte. Da war die Antwort auf das Kommando »Platz« nämlich immer nur *BUMM!!!* gewesen. »Muss ja nicht sein!«, sagte Mami »Geplatzter Mops, wie sieht das wieder aus …« Also Keks: Platz – Plätzchen – Keks! Uns Hunden ist es ja wie gesagt total egal, was Menschen da immer genau sagen, wir verstehen es sowieso nicht und erkennen immer alles nur im Zusammenhang durch Erfahrung und Wiederholung. Weil die Handbewegung und der Anlass stimmten, gab Calimero den Keks und platzte brav im Stichweg. Mami sagte streng zu mir: »Und du gehst *nirgendwohin*!« Das machte doch Calimero, die dicke Salatschnecke, bestimmt sowieso nicht! Keine Pfote würde hier den Splitt berühren, ganz großes Indianer-Schnecken-Ehrenwort! Als Mami dann irgendwann mal im Ratschen so beiläufig runterguckte, was ihr Keks aber trotzdem weg.

»Wo ist mein verdammter Keks hin?!«, knurrte Mami und Onella stutzte. »Also da zumindest verläuft mal eine komische Spur …«, sagte sie und Mami guckte in den Rollsplitt des Weges. Ja, da verlief wirklich eine komische Spur: breit, etwas wellig, mit starkem Rechtsdrall und jeweiligen Korrekturen beim Andippen der Balustrade. Die breite, etwas wellige Spur mit dem Rechtsdrall hatte sich bis zum offenen Haupttor hingearbeitet und war dann nach einer scharfen Kurve formlos links abgebogen. »Das darf echt nicht wahr sein hier!«, knurrte Mami und folgte zügig der seltsamen Spur. Da im Hauptweg, schon eine ganze Reise vom Tor entfernt, lag dann ein zügig bäuchlings vorwärtsrobbender Keks, der immer mal wieder rechts an die Grasnabe dippte und dann zur Mitte zurückkroch. Mami plärrte: »Hey, Keks!« Ich drehte mich um und guckte grinsend Mami an. Onella prustete los: »Aber er *hat* gehorcht! Er ist wirklich nirgendwohin *gegangen*!« Mami knurrte: »Ja, um sich an die jeweiligen Buchstaben eines Gesetzes zu halten, ist er immer ganz groß …!«

Dann war der spontane Ausflug einer getürmten XXL-Salat-Schnecke vorbei und ich staubiger Wurm wurde abtransportiert und in der Regentonne sowohl gewaschen als auch wieder abgekühlt. Ich hasste das so! Also *nass sein* mochte ich ja nun sehr, denn es war wahnsinnig angenehm, in der Sonne zu liegen, wenn das Fellchen nass war. Aber *nass werden* war eine einzige Zumutung, ich hasste es immer noch wie die Pest! Und jedes Mal kam zur Aufführung: der Regentonnen-Flip! »Bist du es eigentlich nicht bald mal leid, sag mal …?«, fragte Mami ziemlich nass und milde entnervt. Nein!!! Ich paddelte und strampelte und prustete und spritzte und klammerte mich am Rand fest, in dem Versuch, auszusteigen und zu türmen, was mir dann ja auch immer wieder mal zwischendurch gelang. Denn ich hatte einen klaren Vorteil: Ich war lang, nass, schnell und total glitschig! Mami war gar nicht froh über solche patschnassen Meistersprünge aus einem Meter dreißig Höhe: »Oi, oi, oi! Ich sag nur: Ischias!«, lamentierte sie dann. Keine Zeit jetzt für Smalltalk, ich musste sofort eine dicke Graspanade auftragen! Kurz: mal wieder ein Spaß für die ganze Familie.

Igel des Grauens

Ich habe sehr an meiner Schneckigkeit gearbeitet und konnte jetzt sogar schon dabei tunneln. Ich machte mich flach wie ein Igel und robbte dann unter Hindernissen hindurch. Nun wollte man solche Künste natürlich nicht gerne nur immer für sich selber kultivieren, sie mussten schon auch mal aufgeführt werden! Da hatte ich neulich dann die erstklassige Gelegenheit und schlug auch sofort zu! Frühmorgens war es schon wieder so heiß, dass ich nach einem gepflegten Wannen-Flip, einem ausgiebigen Treppenhaus-Flip und einem satten Panadeauftrag in der Wiese, bereits pitschenass und etwas gebraucht wirkend, unterwegs sein konnte. Wir latschten an der Gesamtschule vorbei, hinten am Sportplatz. Und da war gerade etwas los: Eine ältere Frau mit einem Klemmbrett stand vor sechs sitzenden Mädchen und predigte mütterlich auf sie ein. Ich blieb stehen und hörte mit schiefgelegtem Köpfchen zu: »… und darum macht euch das jetzt nicht kaputt! Es sind ja nur noch ein paar kurze Wochen, dann tretet ihr in ein Erwachsenenleben ein und seid wieder ein Stück weit mehr für euch verantwortlich! Aber noch sind *wir* für euch verantwortlich und *wir* wollen, dass ihr erkennt, dass es sich hier bei uns um eine unbezahlbare Ausbildung handelt und nicht um Kokolores!« Die sechs Mädchen wirkten bedrüppelt und schauten alle zu Boden.

»Schlechte Laune am Morgen?!«, dachte da der Igel des Grauens. »Nicht mit uns!« Ich raste sofort zum schadhaften, eingebogenen Drahtzaun und tunnelte robbend ins Innere. Ich wollte zu den Mädchen und die Stimmung da etwas anheizen, wurde dann aber plötzlich von der Sprunggrube abgelenkt. Sand!! Feiner, staubiger Pudersand!! Und *ich* nass!! Wie es nur wieder passte!! Also bog ich kurz entschlossen links ab und schmiss mich mit einem quiekenden Jauchzen im Sprung seitlich voll in den Sand rein! Und Strampeln und Wälzen und Stäuben und Quieken! Und rechts Panieren und links Panieren und rechts …! Alle starrten wortlos auf die orangene Staubwolke mit dem rotierenden und quiekenden Mops in der Mitte. Großes Gelächter, die Haltung und die Ernsthaftigkeit war perdù …! Die Lehrerin ließ erschöpft das Klemmbrett sinken und suchte den Halter dieses staubaufwirbelnden Ungeheuers. Sie deutete entnervt darauf und sagte scharf: »Was ist das?! Was soll das?!« Mami schämte sich sichtlich: »Tut mir leid, er kann sich gleich mit dahin setzen, der ist nämlich auch in der Pubertät und übertreibt derzeit gerne alles!«

Endlich hatte ich mich dann ausgetobt, reagierte auch sofort aufs Rufen. Mami tat sich nur noch innerlich bekreuzigen, dass ich jetzt nicht nass, entfesselt und sandig auch noch die Mädchen überfiel, wie es ja zuerst geplant gewesen war! Aber da steckte der Igel des Grauens jetzt in der Klemme: Der Zaun ließ ihn nämlich nach innen durch, nach außen aber nicht mehr! Der Igel steckte quiekend und ächzend fest, wie der grandiose Fäkalini damals im Wachstumsschub unter dem Sessel! Und Mami musste die Rektorin nun auch noch bitten, das matschige und sich windende Element mit Kraft wieder unter dem verkeilten Zaun rauszuzerren und zur Tür zu eskortieren … Peinlich! Zuhause hatte Mami dann die nächsten Tage und Wochen noch viel Gelegenheit an meinen fabulösen Auftritt zu denken: Das Sofa war jeden Tag aufs Neue voller Sprungsand, der musste scheinbar jetzt erst mal aus mir rauswachsen!

Heute auf der Karte: Mops, paniert

Und so lange das ganze Zeug noch nicht aus mir raus-
gewachsen war, dachte ich dann auch: besser noch mal
schnell nachlegen! Wir waren an einem kleinen Bach
und es war richtig gruselig heiß. Der kleine Keks, die
dicke Salatschnecke und auch der süße Mops waren bereits nach kürzester Zeit getrocknet und japsten im Trio
vor sich hin. Mami deutete auf das schnell fließende
glasklare Wasser, in dem sich appetitliche dunkelgrüne
Pflanzen bewegten: »Na los: Mach dich frisch, Kumpel, nix wie rein da!« Aber wie schon so oft gesagt: Ich
hasste es einfach, nass *zu werden*! Und ich ließ mich
auch nicht einfach freiwillig nass *machen*, nur um dann
glücklich nass *zu sein*! Ich sträubte mich wie ein Elefant,
den steilen Hang hinunterzugehen, und als ich geschleift
werden sollte, glitschte ich schließlich erfolgreich weg,
türmte und stand dann oben schreiend und pöbelnd
in der Sonne, bis Mami sich schwitzend wieder zu mir
raufgearbeitet hatte. Ohne mich, so viel war mal klar!

Dann trafen wir einen wirklich netten Hund, der immerzu mit Karacho in den flachen Bach raste, seinen Balli
wieder rausfischte und ihn stolz tropfend apportierte.
Ich sah eine Weile lang zu und er zwinkerte: »Komm,
mach mit!« »Najaaa, guuut …?«, dachte ich noch etwas
unsicher und versuchte mein Glück, denn immerhin war
das ja eigentlich auch nichts anderes, als mit Chubby
nach dem Ball zu rennen, eben nur in nass! Es dauerte
auch nicht lange, da klebte ich an Emma, der schwarzen
Mischlingshündin, dran und raste ungebremst und nach

allen Seiten spritzend auch immer wieder glücklich in den kalten Bach hinein … Hach, war *das* erfrischend! Und da ich nach dem ersten beherzten Sprung dann ja schon *nass war*, musste ich mich auch nicht mehr aufregen, dass ich immer wieder *nass wurde*! Wir spielten eine Stunde lang mit Balli, bis Emmas Mami anfing lachend über Schulterschmerzen zu klagen …

Dann liefen wir zu zweit etwas am Bach entlang. Da saßen, etwas versteckt, auf einer Wolldecke zwei Leute und knutschten herum. Ich bin dann mal rübergelatscht und knallte mich, ohne weitere Umwege, voll an die nackten Beine des Mädchens hin. Dabei machte ich ein routiniertes Gesicht wie: »Ich lag hier schon gestern so …« Quietschen, Piepsen und dann das Übliche: Putzig! Süß! Goldig! Nass! Kalt und nass, aber *so* süß! Nue genaue … Ich kam nicht auf Mamis Rufen und stellte mich taub (Wasser in den Ohren). Mami musste also da hochkraxeln und *bla* Entschuldigung und *blubb* weiß auch nicht, was das immer soll, und *fasel* liebt einfach Partys … Die beiden waren total nett und luden Mami auch noch mit auf die Decke ein. So verbrachten wir eine schöne Zeit und lachten viel herum. Nachdem ich mich ja nun schon so so lieb da eingenistet hatte, trat plötzlich der Höllenhund aus der Kulisse und wollte dann dringend knutschen! Das fremde Mädchen lag nach meinem Ansprung gegen die Brust dann überrascht quiekend und kreischend rückwärts auf der Decke. Und Calimero war obendrauf und knutschte und stupste und hampelte, was nur ging! Hinterher: Beide waren nass, beide waren breit grinsend und beide hatten eine dichte schwarze Brustbehaarung. Lach, lach, lach!

Als wir wieder zurück zum Weg kamen, stippte Mutti mich noch mal kurz ein, denn ich war schon wieder fast trocken. Sie sahen: Der Baggersee-Flip! »Meine Güte!«, ächzte Mutti und war jetzt fast so nass und behaart wie ich. »Muss das denn *wirklich* immer sein!?« Musste. Ich türmte. Hatte was im Augenwinkel gesehen! Einen Kinderspielplatz mit einer Menge pudrigem, weichem, hellem Sand drin! Und ich nass, ein Gedanke: ein Sprung! Es folgte auch sogleich der Panadeauftrag im ganz großen Stil! Eine dichte Staubwolke erhob sich, in ihrer Mitte rotierte etwas Ächzendes, Quiekendes und Schwarzes: Moi! Da saßen dann leider aber auch ein paar kleine Kinder mit Omas in dem riesigen Sandsee, aber das störte *mich* natürlich nicht! Bis Mami angerast kam, denn die musste mich schließlich erst aufspüren, war das Geschrei schon groß: Und Hundeverbot!!! Und Krankheiten!!! Und Hundekacke!!! Und Anzeige!!! Und der darf das nicht!!! Und wenn das jeder so machte!!! Und Schilder lesen!!! Und Leinenzwang!!! Und Erziehung!!!

Mami reagierte auf solche Auftritte mittlerweile generell ungut und tendenziell auch etwas aggressiv, es nervte mit der Zeit einfach. Es war so unnötig, fand ich oft und das fand sie wohl scheinbar auch. Sie ging dann auf das Thema gar nicht ein, nur noch auf die blöden Reaktionen. »Sie haben doch *genau* erkannt, dass dieser junge Hund mir abgehauen ist! Der liest keine Schilder! Und er hat auch ansonsten hier nichts übertragen außer Wasser! Es ist *nichts* passiert, *niemand* wurde belästigt! Sie sehen, dass ich sofort eingreife und *trotzdem* plärren Sie hier Ihren Volksgenossen-Mist!« Die betreffende Oma sagte nun gar nichts mehr und die anderen taten auch lieber, als hätten sie nichts bemerkt …

Und *wir* marschierten wieder zurück zum See, denn die Schlickbombe musste ja nun schon wieder gewaschen und gründlich gegen den Strich geschrubbt werden. Damit dieser verdammte, feine Sand wieder rausging! Tat er dann natürlich nicht, aber das hatten wir ja schon. Sie sahen: Der Baggersee-Flip, Teil zwei! Mami war ganz schön platt, als wir dann wieder im Auto saßen, und nannte mich nur noch ›Sandokhan‹ …

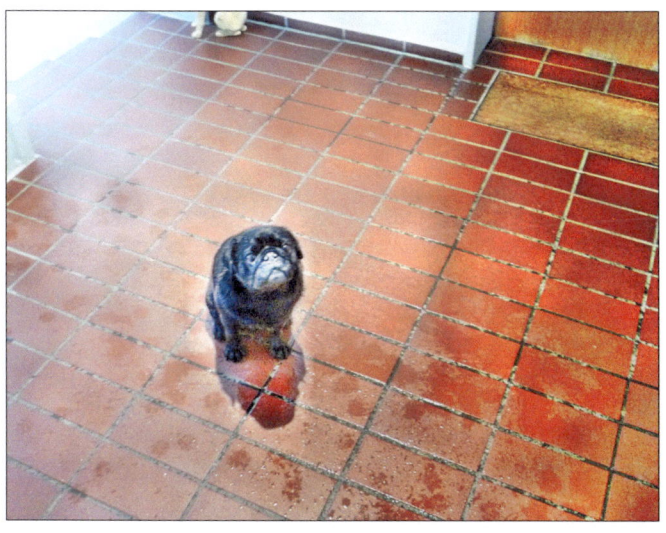

Und ein kleiner Treppenhaus-Flip

Kinderwagen-Flip

Weil ich beim Kuscheln immer schubberte und mich lückenlos dranschmiegte, sagte Mami neulich: »Calimero, du bist ein Schmierant … Ein durch und durch schmieriger Typ! Du schmierst dich so richtig auf mich, wie Butter aufs Brot!« Naja, ich war halt klebrig und lebte im falschen Körper … eigentlich hätte ich eine Briefmarke werden sollen! Zu dem Thema hatte ich dann neulich einen guten Auftritt. Leider war die Briefmarke schon angeleckt.

Ich hatte mir nämlich was überlegt. Alle Leute, wenn sie kleine Babys sahen, riefen doch herum, wie süß die immer wären und so goldig und *knuddel, knuddel, knuddel*! Und wenn die *mich* dann sahen, riefen sie doch auch, wie süß *ich* doch wäre und so goldig und *knuddel, knuddel, knuddel*! Da habe ich mir überlegt: Wenn süße Babys im Auto spazieren gefahren wurden, warum in aller Welt dann nicht auch ein süßer Calimero?! Gedacht, getan! Der erste Kinderwagen, der neben mir hielt, so von wegen: wie süß ich doch wäre und so goldig und *knuddel, knuddel, knuddel*, kriegte es dann sogleich ab! Ich stieg ein. Unten. Zwischen die ganzen Windeln, Tempos und Wattebällchen. So! Der dazugehörige Hund glotzte fassungslos rein und ich grinste selbstbewusst raus. Das zugehörige Frauchen sagte überrascht: »Tja, Beppi, da versuche ich dich nun schon seit Wochen reinzulocken, aber du willst ja lieber nebenherlaufen. *So* macht man das, siehst du!« Beppi sah das allerdings und war einfach nur richtig sauer über das, was er da gerade sehen musste! Er schrie wütend herum, ich solle da mal *sofort* rauskommen, aber zackig, sonst Laffka! Auf *dem* Schlappohr war ich dann aber leider heute völlig taub. Ich blieb sitzen, wo ich war, und ließ mich schließlich erschöpft umfallen. So arbeitete ich mich gemütlich in die vorhandene Kulisse ein. Beppi schrie immer noch da draußen herum, aber ich schnarchte bereits schon zufrieden …

Mami versuchte mich dann da rauszulocken: Pustekuchen. Mami versuchte mich schließlich mit Gewalt da rauszuzerren: windiger Pustekuchen! Selbst als das Herrchen von dem Baby auch noch an mir herumzerrte, passierte gar nichts, außer dass ich wütend ächzte und schnaubte und mich nach Leibeskräften wehrte. Das Herrchen sagte vorsichtig: »Wir reißen ihm eher noch ein Ärmchen ab, als dass er da freiwillig wieder rauskommt!« Das brachte Mami sofort auf eine Idee: Leckerlis! Calimero schmatzte jedoch nur trocken und machte uninteressiert die Augen gleich wieder zu. Sah ich irgendwie doof aus, oder was? Frauchen ließ den Wagen ordentlich schlackern, Calimero schnarchte jedoch schon wieder. »Ich fahre jetzt dann einfach mal los, da springt er doch bestimmt zu Ihnen raus!«, schlug Beppis Frauchen vor. Das gefiel mir! Ich musste mir ja nun auch mal ernsthaft die Frage stellen: »Warum sollte eigentlich *ich* laufen, wenn *sie* mich auch fahren konnte?!« Wir fuhren also bis zur nächsten Ecke, Mami schlich hinterher, damit ich sie nicht sah. Das war mir aber sowieso völlig pupsegal: *Ich* lag schließlich weich und geschützt in dem schwarzen Nest, zwischen all den Windeln und Taschentüchern.

Es schaukelte leise, ich hatte da Schatten und wurde auch noch gefahren, was könnte denn ein Mops noch mehr wünschen! Beppi grölte die ganze Zeit in den Unterbau hinein, doch das interessierte mich alles nicht. Frauchen hielt dann fassungslos nach 300 Metern an: »Den nehmen wir so nur mit nach Hause, da tut sich *gar* nichts!«, sagte sie und guckte mich entspannte Bockwurst überrascht an. Mami erzählte die Geschichte, dass sie eigentlich ja einen Goldfisch gewollt hatte und dass mein Zuchtname ›Caramba Caracho‹ sei. Auch dass die Züchterin gesagt hatte, das hätte nichts zu bedeuten, denn er sei ja nun kein tasmanischer Teufel, sondern bloß ein putziger kleiner Welpe! Viel Gelächter.

Der putzige kleine Welpe, oder wer auch immer, schnarchte nun schon hörbar. Mami piekte mich und versuchte auch, mich noch mal da unten rauszuziehen: völlig vergebliche Liebesmüh, denn ich hatte die Physik auf meiner Seite. Da die Tasche an den Rändern eingebogen war, damit die ganzen Windeln nicht rausfielen, oder der Mops, lag ich so sicher wie das Vogelei im Nest. Oder wie die Mozartkugel in Fort Knox! »Wir müssen den Wagen auseinandernehmen, anders kommen wir nicht mehr an ihn ran!«, rief das Herrchen gegen das mittlerweile schwerst entfesselte Geschrei von seinem stinkigen Beppi an.

So musste der Wagen, der auch als Tragetasche fungierte, abgelöst werden. Und schon blinzelte Calimero, der putzige kleine Welpe, überrascht in die Sonne. Mami griff beherzt zu, der tasmanische Teufel war aber leider auch blitzschnell: Er klammerte sich nämlich fest und spreizte sich voll unten rein! Mal wieder die Bee-Gee-Nummer. »Er hängt da drin wie festgeklebt!«, stöhnte Mami leicht entkräftet. »Wir werden ihn rausflexen müssen!« »Kommt *gar* nicht Frage!!!«, brüllte Beppi wütend. »Das ist *mein* Kinderwagen!!!« Calimero rollte sich derweil schon wieder gemütlich zusammen. Mami erzählte zur Unterhaltung dann die Geschichte vom Taschen-Flip und vom Boxen-Flip, an die sie sich gerade mächtig erinnert fühlte. Wieder viel Gelächter. Mittlerweile war schon eine Viertelstunde vergangen und Beppi fing langsam schon an heiser zu werden. Zusammen mit dem Herrchen, der die Vorderbeine bediente, und Mami, die meine Hinterbeine aushakte, machten sie aus mir dann zusammen den berüchtigten Hängebraten und legten mich schließlich formlos im Gras ab. Fast sofort drehte ich um und wollte wieder zusteigen, aber die Leine hatte schon am Geschirr geklickt: Mist! Beppi schaute vernichtend und tippelte hoch erhobenen Kopfes und Schwanzes neben dem verschwindenden Kinderwagen her. Ich musste dann erst mal im Gras liegen und mich von den ganzen Strapazen erholen. Mami konnte an mir zerren, so viel sie wollte: Ich ließ mich nur noch schleppen. Die schreckliche Flunder ist zurück …!

Das muss er abkönnen

Neulich, ich wieder, einfach grandios! Ich war ja auf einer Probe-Stunde fürs Agility gewesen und hatte mich da als einziger Winzling unter lauter Schäferhunden, Labradors und Vizslas wirklich mächtig markig aufgeführt! Am besten fand ich die große Rampe! Das hieß nämlich: raufsausen, runtersausen, an der Linie steif stehen bleiben, Leckerli absahnen und im hohen Bogen dann Abspruuunggg!!! Cool.

Was nicht so cool war, war der Umstand, dass da wieder so viele blöde Hunde waren. Die hatten sich teilweise mächtig bescheuert aufgeführt! Und: »Knurr!« Und: »Mobb!« Und: »Fletsch!« Und: »Geh da weg!« Und: »Alles meins hier!« Und: »Ich Chef, du Turnschuh!« Ich reagierte darauf wie ein Mops auf solcherlei unappetitliche Vorkommnisse immer reagiert: schwerst angepisst. So kam es, dass ich zehn Minuten lang nur ständig irgendwo stand und vor Wut da hinstrullte. Das hatte leider eine echte Kettenreaktion zur Folge, weil die anderen dazu *auch* mal das eine oder andere zu bemerken hatten! Was leider dazu führte, dass der gesamte Platz da nach einer Stunde komplett zugeschifft war. Die Leiterin machte Mami mit säuerlichem, aber noch um Professionalität bemühtem, Gesichtsausdruck klar, dass das da jetzt aber ja nicht *ganz* so optimal gelaufen sei, gell …?! Mami war schon gestresst genug und hatte für dieses bayerische Drumrumgerede keinen Nerv: »*Gelaufen* ist es meiner Meinung nach überall ganz großartig!«, sagte sie daher grimmig. Die Leiterin lächelte schon nicht mehr und wirkte auch schon nicht mehr so besonders professionell: »Ja, *das* meinte ich auch! Das geht natürlich so nicht!« Mami fixierte sie: »Interessant, dass Sie das *jetzt* sagen! Ich hätte für sechzehn Euro erwartet, dass es eine professionelle Leitung gäbe, die all die ungerichteten Aggressionen der teilnehmenden Hunde zu coachen in der Lage sei …?!« Die Leiterin prallte völlig empört zurück: »*Das* ist nicht mein Job hier! Das müssen die Herrchen und Frauchen schon selber besorgen!« Mami sagte hartnäckig: »Ich habe aber *nicht* gehört, dass entsprechende Aufforderungen mal Ihrerseits gefallen wären?! Sie haben das doch alles gesehen und es nur (ha, ha) laufen gelassen! Und *jetzt* regen Sie sich über das einzige Opfer hier auf?!« Das ginge aber so nicht und wenn das nun jeder hier so machte …! Mami sagte grimmig: »Wenn mein Mops in der Grundstellung sitzt und wird von einem Rottweiler attackiert, der ihn am Genick packt und schüttelt, dann verliert er einfach die Nerven! Das ist purer Stress!« Die Leiterin hatte es aber darauf angelegt, uns bloß nie wieder hier sehen zu müssen, denn sie sagte selbstgerecht mit ärgerlich verschränkten, dicken Armen: »Das muss er aber einfach abkönnen! Das ist in der Natur ja auch nicht anders!« Mami sah sie vernichtend an: »Ärgerlich ist hier allein, wie unwissend Sie leider sind!« Da stand die Dicke dann in ihrem schleimfarbenen Kastenshirt und schnappte empört nach Luft …

Im Auto war Mami immer noch sauer. Ich verstand das gut, denn was hier passiert war, hatte mit dem, was bei Wölfen oder sozialisierten Hunden in der Natur so vorfiel, nämlich wirklich gar nichts gemein gehabt. Aggressionen waren allein ein Mittel, um Ressourcen gegen Übergriffe zu verteidigen: Kraft, Raum, Beute, Rudel. Kein Wolf und kein sozialisierter Hund würde jemals ohne Anlass, sprich ohne eine zu verteidigende Ressource, einfach eine andere Lebensform attackieren! Die Energie dafür war viel zu kostbar, es war außerdem viel zu gefährlich. Im Prinzip waren Wolf und Hund fast immer Konflikt-Vermeider und legten es im gesunden Fall nicht darauf an, sich herumzuprügeln! So was konnte in einer Zivilisation passieren, in der sich jedes Mitglied ohne Kenntnisse ›Hundetrainer‹ und ›Coach‹ nennen durfte … Bei uns im Wolfsrudel gab es daher nur immer zwei eingetragene Berufe: Chef und Trottel. Zum Chef wurde man berufen, Trottel war man dann immer schon von alleine und blieb es dann auch meistens …

Schlickbombe

Weil mir das mit der Rampe da so gut gefallen hatte, machte ich an dieser Stelle gleich weiter! Wir waren spazieren, auf der großen Runde rund um das Naturschutzgebiet im Garten. Ganz kurz vor dem Einschlupf zurück in die Gartensparte spannte sich eine Brücke über den Weg. Der Brückenpfeiler war verstärkt in einer Art, dass er mich wahnsinnig an die tolle Rampe beim Agility erinnerte! Ich sauste also mal los in einem Affenzahn die steile Steigung ein paar Meter weit rauf. Stolz drehte ich mich um und schaute durchs Geländer runter. Ich war schon ziemlich weit oben, stolz wie ein Schnitzel. Mami war sauer, komisch! »Komm da runter!«, rief sie. »Denke ja gar nicht dran!«, bellte ich bockig zurück »Ich will erst mein Leckerli sehen, *dann* komme ich!« Mami drehte sich daraufhin um, sagte: »Dann eben nicht! Schreib mir mal ein Pi-Mail, wie es dir so ergangen ist da oben … Ciao!«, und ging dann einfach weg. Auweia! Ich gab dann mal richtig Gas und raste im Schweinsgalopp die mit Steinen gepflasterte Schräge wieder runter wie ein geölter Blitz. Dann fiel mir aber plötzlich ein, dass ich ja unten auf der Rampe stehen bleiben musste, um das Leckerli zu bekommen! Ich knallte also im Sturzflug die Bremse rein. Das war ziemlich doof, wie sich leider schnell rausstellte. Denn durch die spontan gebremste Schwungmasse blieb mein Geist zwar vorschriftsmäßig auf der Rampe kleben, mein Luxuskörper flog aber ungebremst weiter! Leider jetzt ohne jede Führung, denn der Pilot stand ja noch auf der Rampe und staunte sich selber gerade hinterher … Und leider setzte eben dieser Luxuskörper in der einzigen Matschpfütze am Platze voll zur Bruchlandung an. Schön schlickig war diese Pfütze, tief, breit, dunkelgrau und richtig dickflüssig. Es machte laut und vernehmlich ***flatsch!!!***, als ich landete, und Mami drehte sich höchst alarmiert um. Was sie da sah, musste eigentlich ziemlich komisch ausgesehen haben. Seitlich in dem ganzen brodelnden Modder, genau in der Mitte, lag ein völlig erstaunter und leicht benusselter Mops, tief eingesunken im allerschönsten Matsch. Mami sagte laut: »Aaaahrgh!!!«, und ich rappelte mich fix auf, obwohl es eigentlich schön kühl da drinnen war. Leider rutschte ich mit den Ärmchen auf dem Glibber prompt gleich noch mal weg. Es machte wieder: ***flatsch!!!*** So legte ich dann vorne einen perfekten Männerspagat hin und stippte, der Schwerkraft erneut ausgeliefert, mit dem Gesicht voll ein. Mami sagte: »Aaahhhrrrggghhh!!!« Ich wollte dann schnell zu ihr, auch wegen dem Leckerli, denn ich *hatte* ja auf der Rampe angehalten, faktisch gesehen! Da kam dann halt die Physik dazwischen, aber da konnte *ich* ja nun nichts für! Ich rappelte mich also hektisch erneut auf und rief triumphierend: »Ich steh …! Ich steh …!«, aber ich ruderte dabei wie auf Eis, ruderte, ruderte und rief überrascht: »Oooohhh, neeeiiinnn…! Ich fall wieder um!«, und fiel wirklich wieder um. Diesmal aber leider voll auf die noch saubere Seite: ***flatsch!!!*** Mami hatte nur noch den Mund offen und die Hand flach vor der Stirn. Sie sagte schon gar nichts mehr. Gut, was sollte man *dazu* nun auch noch groß sagen …

Als ich dann endlich aus dem Schlammbad da draußen war, sah ich aus wie ein eingelaufenes Wildschwein mit einem dünnen, schwarzen Streifen auf dem Rücken, der sich über den Schwanz zog. »Du hast da einen Schmutzstreifen auf dem Rückgrat!«, sagte Mami sauer. »Ach, nein – ich sehe es gerade! Das ist ja nur die einzige noch saubere Stelle …!«

Winterspaß mit Molli

Gepinschertes

Es war früh am Morgen und unterwegs trafen wir Coppa, den Rehpinscher. Sie war immer nett, aber auch distanziert, nicht wie die Pinscher sonst oft üblich sind: hyperaktiv, größenwahnsinnig, laut, penetrant und dauerhaft übergriffig. Da lief so einer nämlich bei uns um den Block, der war nicht der schlechteste Kerl, aber ohne jegliche Intimdistanz! Und das *mir*, dem ausgewiesenen Palasthund! Er hieß Tito und ihm zu begegnen hieß: es stürzte mir plötzlich, an der verflixten Flexileine, ein schwarz-rötliches Bündel an den Hals! Und ohne weitere Begrüßung ritt er dann auch schon auf mir in den Sonnenuntergang hinein. Total verknallt! Total dominant! Total penetrant! Andererseits: Wer seinen Hund nach einem diktatorischen Staatschef benennt, muss sich vielleicht auch nicht wirklich wundern …?

Coppas Rudel hatte Verstärkung bekommen um einen winzigen Rehpinscher-Bullen, der nach Leibeskräften pinscherte: hyperaktives Rumgezappel, größenwahnsinniges Geschrei und voll in der Flexileine drinhängen. Dann noch aufzureiten versuchen, um sich schnappen und sich dazwischen einfach nur fürchterlich wichtig tun … Das volle Pinscher-Programm! Da war Nomen leider nicht Omen, denn er hieß Struppi. »*Ich* wollte den nicht!«, sagte sein Frauchen mit einem mehr als skeptischen Blick auf das zerrende, japsende und widerborstige Bündel zu ihren Füßen. »Der bringt mir original den ganzen Laden durcheinander! Coppa frisst nicht mehr, ist nur noch nervös und weiß nicht, was sie mit *dem da* anfangen soll …!« Ja, Coppa wirkte tatsächlich etwas mager und leicht derangiert, außerdem war sie plötzlich ebenfalls an der Leine. Frauchen bemerkte den Blick: »Ja, sie hat immer toll gehorcht und ist ein absoluter Freigänger gewesen, jetzt will sie einfach immer nur noch weg …!«

Mami zog die Augenbrauen hoch und deutete auf *den da*: »Wie kam's …?« Frauchen war scheinbar total froh, hier jetzt endlich mal auspacken zu dürfen: »Es war Sylvester. Alle waren von Weihnachten, den ganzen Gefühlen, dem fetten Essen, dem Konsumrausch und wegen der ganzen Familie, die einen ununterbrochen heimgesucht hatte, ziemlich weichgespült … Und mein Mann hatte dann mit meiner Tochter gemeinsame Sache gemacht! Ansprachen der Marke: ›Zweiter Hund, bitte, bitte, bitte!‹ verhallten ja an mir. *Ich* hab das Haus und den Garten, *ich* geh Teilzeit arbeiten, *ich* hab das Kind am Hals und jetzt rate doch mal, wer auch noch mit dem Hund immerzu das Gewese hat?!« Mami riet sofort beim ersten Mal richtig. »Ganz genau!«, schmetterte Frauchen. »Und nun rate gleich noch mal, *wer* hier wohl eitrige Pfoten pflegt, eklige Zecken rausoperiert, dampfenden Dünnschiss vom Gehweg kratzt und dann auch noch stundenlang beim Tierarzt rumsitzt?!« Mami riet wieder auf Anhieb richtig. »Ganz genau!«, rief Frauchen empört »Und darum fehlte mir zu meinem Glück auch nichts weiter als *noch* ein Hund mit Eiterpfote, Zecken und dampfendem Dünnschiss! Und dazu dann ja auch noch einer, bei dem ich dann wieder ganz von vorne anfangen müsste!«

Mami schaute auf *den da* und Frauchen schaute auf *den da*. *Der da* schaute lammfromm mit seinen riesigen Tütenohren und den klugen Augen zu uns hoch und legte interessiert das schöne Köpfchen schief. »Schwer entzückend ist *der da* aber schon auch …«, sagte Mami. »Ja, eben!«, brüllte Frauchen und *der da* zuckte zusammen. »Mein Mann und meine Tochter sind zum Züchter, haben ihn einfach gekauft, in ein himmelblaues Flauschdeckchen eingewickelt und mir kommentarlos in die Arme gelegt!« Mami zog wieder die Augenbrauen hoch: »Was es dann gewesen ist…« Frauchen fuchtelte ärgerlich mit der Flexi so heftig, bis *der da* schlackerte. »Neee! Ich fand ihn natürlich entzückend, aber als ich *dem seinen* Blick gesehen hatte, da wusste ich dann sofort, was das Stündlein hier geschlagen hatte!« Mami nickte fachmännisch: »Das ist ein ganz anderer Hund als Coppa …« Frauchen seufzte theatralisch: »Nun nimm einer spät entwickelten Elfjährigen bitte mal den Welpen wieder weg, den sie gerade selber, mit Papas Hilfe, ausgesucht hat!« Mami vergaß sich aus Versehen kurz: »Fies eigentlich!« Und Frauchen giftete: »Allerdings! Und nun hab *ich* dieses Höllenbündel am Hals! Alle anderen sind natürlich schon jetzt total überfordert von *dem da*! Und mit *dem da* werde ich auch an der Hundeschule nicht vorbeikommen! Der mischt hier schon mit neun Wochen die ganze Straße auf! Als hätte ich *dafür* auch noch die Zeit!« Mami sagte: »Viel Erfolg, das Vergnügen kommt ja vielleicht dann auch noch … irgendwann?« Und Frauchen knirschte im Weggehen: »Ich rate es *dem da*!«

Verliebt, verlobt, verstunken

Hihi, ich wusste man was Neues: Mami war verknallt ... Ja, echt! Hier lief nämlich so ein bekannter Fernsehdarsteller herum, den sie schon immer ziemlich knorke fand. Der spielte in den Siebzigern und Achtzigern immer den Bösewicht bei ›Derrick‹ und ›Der Alte‹. Das lag sicherlich sowohl an seiner markanten, sehr tiefen Stimme als auch an seinen groben, aber sehr attraktiven Gesichtszügen. Heutzutage ging der allerdings nur noch bei Rosamunde Pilcher in Irland als schwieriger Schlossbesitzer mit dunklem Geheimnis und kapriziöser Enkeltochter spazieren. Jedenfalls legte er niemanden mehr aus dem Hinterhalt um ... Seine Stimme fand Mami (Zitat) »einfach nur todesgeil!« Und plötzlich dachte sie, sie spönne, als sie einen großen, kräftigen Mann mit langen Schritten den Weg an der Hundewiese ausschreiten sah: den Lederhut tief ins Gesicht gedrückt und den Mantelkragen hoch aufgeschlagen ... ER war es doch tatsächlich! Die Ladys auf der Wiese sagten schwärmerisch: »Na, klar ist ER das! ER wohnt doch dort drüben in einem kleinen Reihenhaus ...« Unfassbar! Mami pirschte sich dann beim nächsten Mal, natürlich ganz zufällig nur, an ihn ran ... Und er sah sie tatsächlich voll an und sagte (mit dieser todesgeilen Stimme): »Hallo ...« Mami: »Röchel!!!«

Beim nächsten – wieder sich ganz und gar zufällig ergebenden – Treffen verwickelte sie seinen struppigen Hund, mit dem schweren Indianer-Halsband und den Türkisen drauf, in ein Gespräch. Paddy und ich mochten

uns sofort und spielten lebhaft und sehr ruppig mitei-
nander! ER blieb sogar stehen und redete mit Mama.
Und dann sang er auch noch (mit dieser todesgeilen
Stimme) das ›Calimero mit Sombrero‹-Liedchen! Mami:
»Zerlauf!!!«

Das nächste Treffen war dann der Durchbruch und fand
an einem Mülleimer statt: Sie kreuzten die Kacktüten,
quasi. ER sah noch recht entspannt aus, Mami hingegen
gar nicht, ich hatte nämlich geliefert!!! Und sie hielt am
weit ausgestreckten Arm diese Lieferung von sich. Er
sah sie komisch an, während er selber eine gute Portion
eingetütete Paddy-Ware in den Eimer klatschen ließ.
Es war wieder mal hochromantisch, fand Mama. Zu
ihrer Wiesenfreundin sagte sie dann ganz aufgekratzt:
»Wahnsinn! Ich stand da also mit dieser dampfenden
Kacktüte am langen Arm und ER sah mich einfach an,
ganz seltsam irgendwie … Mir war sowieso schon ganz
schlecht und schwummerig vor Aufregung, aber nun
bekam ich auch noch ein Brennen in den Augen und
einen so sonderbar beißenden Geschmack im Mund!
Zuerst dachte ich, ich kriegte eine Migräne und das sei
die Aura, aber das war gar keine Aura, das war nämlich
das Schicksal! Ja, ER sah mich ganz, ganz komisch an …
Ich war mir nicht sicher, aber ich dachte wirklich zuerst,
er verdrehe sogar die Augen … Also trällerte ich, mit
etwas erstickter, aber eigentlich dann sogar ziemlich sexy
Stimme: »Haaalllooo!!!«, und winkte ihm heftig mit der
qualmenden Kacktüte zu. Und ER fasste sich voll ans
Herz, ja echt! Er japste dabei sogar noch überwältigt!
Dann wollte ER mir wohl irgendwas Wichtiges sagen,

vielleicht so was wie, dass er mich zum ersten Mal heute überhaupt erst richtig wahrnahm …?! Aber ER war viel zu fasziniert von meinem Anblick, sah aus, als nähme ER mich nur wie durch einen Dunstschleier wahr, und sagte mit einer ganz rauchigen, fast unterdrückten Stimme: »Äh … Äähh …!? Äääähhh …!!!« Das Stottern ist doch ein *ganz* typisches Zeichen bei Verliebten! Dann konnte man auch noch psychologisch beobachten, wie ER in das sogenannte Putzverhalten verfiel und unbewusst versuchte sich für mich attraktiv zu machen! ER klappte den Kragen von seinem Hemd ganz weit hoch und versteckte die Nase darin … Wahrscheinlich wollte ER wohl jünger und cooler auf mich wirken! Ich wedelte also euphorisiert weiter mit der rauchenden Tüte am langen Arm unter seinem Gesicht herum und sagte noch mal einladend: »Haaalllooo!!!«, auch weil ER ja noch nichts gesagt hatte … Aber ER war wie ein Teenager, hielt sich den Kragen schüchtern vor das Gesicht und hüstelte nur die ganze Zeit verlegen. Aber dann, jetzt kommt es nämlich, taumelte ER, und musste sich sogar noch am Eimer festhalten! So schwach machte seine plötzlich entflammte Liebe ihn nämlich! Als ER benommen aufblickte, hatte er dann original auch noch Tränen in den Augen! ER versuchte sie vor mir zu verbergen, indem ER gequält ruckartig den Kopf abwendete und schnell, und etwas röchelnd, den Rückzug antrat. Ich bin sicher, ER wollte mich nicht überfordern, weil ER so sensibel ist …! Dann hat ER sich wegen seinem Gefühlsausbruch vielleicht auch noch geschämt, so dass ER lieber ganz schnell weggegangen ist. Natürlich auch, um seine in Aufruhr geratenen Gefühle zu beruhigen! Ich bin sicher, das nächste Mal kommt ER dann spätestens mit einem gepflegten Antrag raus …! Wahrscheinlich versucht er mich jetzt schon überall zu finden und fragt alle Leute auf der Wiese, ob sie wüssten, wer ich bin …?! Wie romantisch! Oh Gott, soll ich in Weiß heiraten? Oder gleich in der Karibik …??? Ich meine, die Hunde verstehen sich ja, es ist doch alles klar zwischen uns …«

Löwenmäulchen

Und wo ich gerade immer wieder dabei war, den verbrecherischen Igel des Grauens zu geben, jagte auch schon schnell eine Schote die nächste … Es lohnt nicht, sie alle aufzuschreiben, weil sie stets damit endeten, dass ein gewisser Mops irgendwo eingekeilt saß und wild entschlossen darunter herausfunkelte. Und dass eine gewisse Mami wütend jeweils davorstand, an irgendwelchen Leinen zerrte, irgendwelche Zeitungsständer verrückte und ansonsten auf den Knien lag und irgendwo drunter brüllte: »Aus dir mache ich Püree, wenn ich dich erwische!« Stellt euch dazu einfach nur vor, wie die fette Salatschnecke sich, bei allen Wetterlagen, unter dem Zeitungsständer verkeilte, unter dem Lieferwagen, unter dem Fahrradanhänger, unter dem Müllcontainer oder irgendwelche Zäune untertunnelte … Aber eine dieser Ausführungen ragte wegen ihrer Delikatesse dann noch deutlich heraus, daran will ich euch gerne teilhaben lassen!

Also: Es war mal wieder morgens und wir trafen Coppa und Struppi. Frauchen kam schon um die Ecke geschossen, als hätte sie zwei Schlittenhunde vorgespannt. Der eine von denen wollte nur weg und der andere wollte nur hinterher, wem oder was auch immer. Die beiden Frauchen kamen mal wieder ins Plauschen, ich hatte keinen Bock auf Struppis Zudringlichkeit und gab dann mal unbemerkt den Igel. Es handelte sich dabei um einen alten Holzzaun, der über der Auffahrt unten vom Moos angeknabbert war und eine fette Schnecke wie mich gerade so eben durchließ. Es war schnell geschafft und schon schritt ich, von dieser ruchlosen Aktion euphorisiert, zur Tat. Da standen überall so Blumen und Farne und lauter Zeugs rum … Und ich hatte gerade wieder mal dieses unzügelbare Jucken in den Vorderpfoten, das konnte nur eines bedeuten: Rennflash! Tja, da ließ man sich als Mops natürlich nun nicht lange bitten. Und so drückte ich mit der rechten Pfote dann mal voll den Kickstarter durch. Mami wurde auf die plötzliche Bewegung im bis eben noch völlig friedlich daliegenden Vorgarten aufmerksam und entdeckte aufjapsend die Ursache der ganzen Bewegungen: Moi! Völlig entfesselt raste ich durch das kühle Grün, kraulte durch die Löwenmäulchen, versetzte der Digitalis einen heftigen Schubs, schoss mit angelegten Ohren aus den Petunien hervor, setzte mit schielendem Blick etwas ungekonnt über den Frauenmantel, tauchte japsend in den Geranien unter, flitzte mit steil abstehendem Schwanz aus den Fleißigen Lieschen wieder heraus und schrammte mit heraushängender Zunge die Farne, bis sie wild wedelten … Saugute Performance, so viel war mal klar, das war eine glatte Zehn! Und ich hatte ja sogar vier Zuschauer! Das ging ein paar Minuten, dann konnte ich nicht mehr. Ich erklomm also matt die Stufen zur Haustür und setzte mich, von einem zum anderen Ohr breit grinsend, auf die Fußmatte. Aus meinem Mäulchen hing eine Strähne vom gelben Löwenmäulchen. Hechelnd saß ich da, hoch über dem verwüsteten Vorgarten, in dem alles niedergetrampelt, plattgemacht und schlicht zermalmt war. Ich wollte jetzt, nach getaner Arbeit, nur noch einen kräftigen Schluck zu trinken haben!

Mami rief und lockte mich: Ich guckte gänzlich unbeteiligt. Mami wedelte mit Leckerlis, nicht schlecht das Angebot ... Aber *leider* hatte ich ja nun vollkommen vergessen, wie ich hier überhaupt mal reingekommen war! Somit wartete ich sicherheitshalber ganz entspannt darauf, abgeholt zu werden. Das Gartentor war aber leider verschlossen. So musste Mami, die direkt vor dem Küchenfenster nach diesem Heckenkrieg nicht auch noch unerlaubt über den Zaun setzten wollte, klingeln. Ein Gesicht erschien am Küchenfenster, ausgerechnet. Mami sagte sanft in die Sprechanlage: »Bitte entschuldigen Sie. Mein Mops ist bei Ihnen eingebrochen und findet nicht wieder raus. Wären Sie so nett, das Tor zu öffnen, damit ich ihn wieder abholen kann? Und: Öffnen Sie bitte *nicht* die Haustür, er sitzt auf Ihrer Fußmatte und ist dieser Tage sehr hemmungslos. Danke!« Das Tor ging auf, die Tür blieb zu und ich wurde wortlos mit Reißverschluss-Gesicht deportiert. Mami rannte fast um die Ecke und hörte hinter sich immer noch das Pinscher-Frauchen laut gackern. Mami wartete auf den Entsetzensschrei der Gartenbesitzerin, aber die war wahrscheinlich, nach einem Blick aus dem Fenster, direkt neben dem Türöffner ohnmächtig geworden ...

Franz und Sissi

Ich konnte was Neues! Wenn Mami mich absitzen ließ und rückwärtsging, musste ich warten. Dann klatschte sie auf die angehockten Oberschenkel und rief: »Frrraa-annnzzzlll!«, und ich raste los, sprang mit einem riesigen Satz auf die Schenkel und kletterte (mit ihrer Hand unter dem Hintern) senkrecht bis zur Schulter hoch, wo ich dann triumphierend mein Köpfchen draufwarf: die perfekte Umarmung! Wenn andere Leute das sahen, sagte Mami mit einem affektierten Luft-Haar-Flip: »Wissen Sie: Ich bin die Sisssiii und das ist der Frrraaannnzzzlll! Wir stellen gerne einige der schönsten Szenen zwischen Romy Schneider und Karlheinz Böhm nach! Den Reifrock müssen Sie sich dann jeweils dazudenken … also bei mir. Der Franzl trägt ja Uniform. Ach ja, die Rolle der Kaiserin Sophie wäre übrigens noch vakant, möchten Sie …?« Die meisten lachten, einige stellten aber auch nur die Augen hoch und sahen dann zu, dass sie schnellstens hier wegkamen. Die wussten wohl nicht, dass Doofheit gar nicht ansteckte?!

Auf so einer Hundewiese machte man aber nicht nur nette Bekanntschaften, oder auch mal doofe, man hörte nicht nur Tuppi-Geschichten, oder auch lustige … Man war in so einer Art Gemeinschaft und teilte gewisse Ereignisse miteinander, über die sich dann alle tagelang lebhaft austauschten. »Fast wie im richtigen Leben …«, sagte Mami heute bedrückt auf dem Heimweg. Wir hatten nämlich gleich drei schlechte Nachrichten auf einmal gehört. Die erste war, dass Waldi nicht mehr herkam. Stimmte überhaupt, den hatte ich ja schon ewig nicht mehr gesehen! Der liebe Waldi war nämlich weggeschenkt worden, wie ich das ja schon vorausgesehen hatte. Er lebte jetzt mit einem Schäferhund zusammen, war viel im Wald und angeblich ging es ihm ausgezeichnet in seiner neuen Familie. Na, hoffentlich! Nach den Gründen gefragt, war zutage gekommen, dass Waldis Frauchen schon seit Jahren schwerst depressiv war. Das wunderte ja nun auch nicht, war doch offensichtlich gewesen. Aber was erstaunlich war: Sie hatte irgendwann beschlossen, die Tabletten abzusetzen. Und dann begann der Talrutsch und sie stürzte komplett ab! Einmal war es ihr nun passiert, dass sie etwas gekocht hatte, es auf dem Herd vergaß, sich aufs Sofa gelegt hatte, eingeschlafen war und fast erstickt wäre, als die Qualmschwaden dann langsam das Zimmer ausfüllten ... Sie wäre fast gestorben und da erst wurde man darauf aufmerksam, was überhaupt mit ihr los war. Dass ihr redesüchtiger Ehemann nichts davon mitbekommen haben wollte, glaubte man sofort. Waldis Frauchen wurde eingeliefert und sofort unter stationäre Beobachtung gesteckt. Danach käme sie auf Reha und da sei einfach kein Platz für einen anstrengenden Waldääähhh. »Der Mann konnte ihn ja sowieso nie leiden!«, dachte ich traurig auf dem Heimweg »Und sie konnte nichts anfangen mit ihm ...« Wann sie wiederkam und ob überhaupt: keiner wusste etwas Genaues darüber.

Es wusste jemand zu erzählen, dass der dicke Beagle Bounty, den man hier ja auch schon länger nicht mehr gesehen hatte, ebenfalls nicht mehr wiederkäme. Er sei nämlich gestorben! Mit nur sechs Jahren hatte man bei ihm plötzlich eine sehr schwere Lebererkrankung diagnostiziert und daran war er dann sehr rasant verstorben. Uff …

Und dann wurde es erst richtig traurig: Jean-Paul, der schönste aller Golden Retriever, war ebenfalls tot! Da standen wir alle richtiggehend unter Schock, denn Jean-Paul war doch erst vier Jahre alt gewesen und so fit! Es sei ein Milztumor gewesen und keiner wisse, woher so etwas käme, denn in der Erblinie sei nichts dergleichen bekannt. Es sei nach der Diagnose dann ganz schnell gegangen … Als man gesundheitliche Einbrüche bemerkte, sei Jean-Paul schon im Terminalstadium gewesen und schon ganz bald darauf sehr still und würdevoll gestorben. Mit hängenden Köpfen gingen wir alle an diesem Nachmittag auseinander …

Hautevolee

Wau, ich gehörte zu einem Club! Sie nannten sich ›die Nachtläufer‹ und das ging natürlich mal wieder auf Mami zurück, diese verrückte Nudel. Sie rief schon allabendlich: »Ach, da ist ja schon wieder die Hautevolee unterwegs, da schließen wir uns doch gleich mal an, wenn es erlaubt ist …?« War es. Das kam so, weil sich immer wieder die gleichen Leute mit den gleichen Hunden zur spätabendlichen Gassi-Runde trafen. Meistens zufällig, weil wir wohl irgendwie alle oft den gleichen Rhythmus hatten. Hunde liebten Routine ja über alles und was sie sogar noch mehr liebten, war es, nachts draußen herumlaufen und schnüffeln zu dürfen! Die Düfte (Mama sagte: »Bleiben wir doch auf dem Teppich und nennen es ›die Gerüche‹…!«) hatten sich gesetzt und die Luft war dann ganz still. Für einen Hund, insbesondere für ein so bodennahes Modell wie mich, war das wie ein Ausflug durch eine Parfümerie. (Mama sagte: »Bleiben wir doch auf dem Teppich und nennen es ›einen Gang durch die Kläranlage‹ …!«) Tja, wie auch immer! Jedenfalls liefen wir da meistens zu vier Menschen und zu vier Hunden einmal gemeinsam um den Block. Unten schnüffelten wir und tauschten interessante Pissflecken aus, während oben dann geratscht wurde …

Es handelte sich bei der Hautevolee um Pauly, die hübsche, aber wahrhaft riesige schwarz-weiße französische Bulldogge mit der rosa Nase. Pauly war ein geerbter Hund, nämlich vom Sohn und seiner Freundin, die umständehalber irgendwann nicht mehr konnten. So ganz glücklich war man nicht mit Pauly, denn er hatte die seltsame Angewohnheit, überall am Körper komische Knoten auszubilden, die wegen unfreundlicher Eigenschaften dann immer mal wieder weggeschnitten werden mussten. Keiner wusste, wo das herkam, wahrscheinlich eine vererbte Eigenart der Bullis. Und richtig, er hatte auch gerade wieder ein großes Pflaster an seinem großen schwarzen Tütenohr. Ansonsten war er freundlich, sehr umgänglich, aber auch sehr distanziert und immerzu schwer geschäftig. Seine Flexileine war stets bis zum Anschlag ausgespannt. »Der *merkt* es gar nicht, dass er plötzlich weg ist, vor lauter Schnüffeln!«, sagte sein zartes Frauchen, das ganz gut zu kämpfen hatte hinter ihrer temperamentvollen Bombe von Schnüffelmaschine. »Obwohl er sonst eigentlich immer folgt und wirklich gut zu haben ist.« Das nächste Mitglied war ein Mitläufer namens Nicky, ein alter, schon etwas arthritischer, schwarzer Cocker Spaniel. Nicky war geduldig und lieb, mochte nur kein Geschnüffel am Hintern haben, naja, damit konnte ich gut leben. Sie war nur ausgeliehen, obwohl die beiden wie ein Ehepaar wirkten. Und dann war da noch Kobi, ein temperamentvoller, aber sehr gut erzogener und höflicher Pocket-Jack-Russel. Er war klein und wunderschön, hatte Humor, war immer für ein Schwätzchen und ein kleines Gerenne zu haben. Kobi lief auch frei und war der ganze Stolz eines kleinen Italieners, der von seinem Landsmann Callimeeerroohh natürlich tief begeistert war. Zumal ich ja auch ganz gerne mal in mediterraner Unbekümmertheit auf der Mitte vom Gehsteig stehen blieb, um kurz was zu bequatschen … Und ich hatte auch gegen Dolce Vita und Fare una bella Figura so überhaupt nichts einzuwenden. »Callimeeerroohh….!«, rief der kleine Italiener aus, der das Comic nach dem ich benannt war, natürlich kannte »Küken aus Palermo! Wo ist deine Eierschale, dein Sombrero? Oder bist du vielleicht bei der Mafia?! So schwarz angezogen, kann das schon sein!« Ich weiß von gar nichts. Und wenn, dann sag ich es nicht! Keine Lust auf Beton-Sandaletten diese Saison …

Manchmal trafen wir noch einen anderen Nachtläufer und dann gab es regelmäßig einen akustischen Auflauf mit sattem Dezibel-Dressing: Geschrei hüben und drüben, wobei drüben immer anfing! Tobby, die alte Krawallwurz, grölte aus seinen mikroskopischen Toy-Pudel-Lungen los und blies sein winziges, schwarzes Fell dann mächtig dabei auf. Und wir: »Blablabla, aber selber!« Frauchen oder Herrchen von Tobbylein zupften immer nur milde lächelnd an dem winzigen roten Glitzergeschirr mit der schreienden Pestwurz drin und sagten hilflos: »Ja, Tobbylein, was hast du denn? Die tun dir doch nichts! Gibst du halt Ruhe, gäh …?!« Es war der absolute Klassiker: Tobby war Chef und keiner nahm ihn ernst! Er wurde dann schreiend abtransportiert und wir vier zottelten einfach gemütlich weiter unserer Wege. Kobis Papa sagte gerne an dieser Stelle: »Kaum zu fassen, der Radau! Der war doch heute Morgen noch original in einem Überraschungsei! Ich sag nur: ›Kinder Sopreso‹ …!« Mama lachte sich regelmäßig schief. Aber er lachte sich dann auch über Mami schief, denn Mami sagte: »Alles paletti …! Wo kommt der blöde Spruch eigentlich her?!«

Er wusste es nicht und erzählte nur, dass er schon von Italien aus teilweise re-importiert wurde. Wo er dann als »Tuto paletti!« genau das bedeutete, was wir Deutschen ihn bedeuten lassen wollten: »Alles klar!« Völkerverständigung klappte also nicht nur unter Hunden.

Aber es gab auch noch Under-Cover-Nachtläufer … Einer von denen war wirklich, selbst für mich, ein wenig spektakulär. Er stand da nachts plötzlich auf dem Gehsteig und hatte seine zwölf fusseligen, langen Haare quer über den Schädel gekämmt, wo sie aber nicht blieben, sondern wüst im Nachtwind flatterten. Er trug einen gestreiften Schlafanzug, Tennissocken, braune Filzpantoletten, einen schleimfarbenen, total schief zusammengebundenen und sehr verlebten Bademantel, darüber einen offenen, auch schleimfarbenen und fleckigen alten Dufflecoat. »Lecker!«, sagte Mami, »Ich weiß plötzlich gar nicht mehr, warum ich eigentlich immer noch alleine lebe!« Das war dann Herr Krause. Und der hatte einen alten Dackel, der hieß Wastl. Und so war der auch, er passte wie sein Herrchen irgendwie total zu seinem Namen! Er knurrte immer nur wüst und plärrte: »Das ist *mein* Gehweg! Das ist *meine* Kackwurst! Das ist *mein* angepisster Kronkorken! Das ist *mein* verwester Apfelbutz! Das ist *meine* Luft! Wegtreten, aber dalli!!!« Die beiden, der Herr Krause und sein Dackel Wastl, das musste man neidlos anerkennen, waren ein echtes Dream-Team – total authentisch!

Bockiger Silberrücken

In meinem neuen silbernen Allwetter-Stepp-Cape sehe ich klasse aus! Na ja, als Wintertyp kann man ja alle knalligen Farben tragen und Silber sowieso. Meine Bekannten draußen sind alle hin und weg und rufen mich nur noch: »Captain Future!« – trotz Pelzkrägelchen. Noch cooler sehe ich aus, wenn ich noch den schmalen roten Blinkschlauch am Hals habe: »Erde, bitte kommen!« Apropos. Mama war nämlich trotz bestechender Optik nicht immer so *ganz* begeistert. Vermutlich musste jetzt wohl wieder mal die eine oder andere Pubertät dafür herhalten. Sie sagte heute Morgen mürrisch: »Komm, schwing die Hacken, Captain Schleppture. Ich hab echt keinen Bock, dich an jedem einzelnen Stemmel, den du da anfliegst, erst wieder aufwecken zu müssen. Und das nur, weil du regelmäßig beim Riechen erst langsam eintrübst und dann auch noch glatt einpennst! Hast du Synkopen, sag mal?! Ist das da so 'ne Art Gasnarkose, was du dir beim Schnüffeln verpasst? Ammoniak, ha?!« Weiß nich, ich mach hier nur Vertretung und seh gut aus, das muss reichen.

Mittlerweile diskutierte sie aber schon nicht mehr mit mir. Früher sagte sie ja immer aufmunternd: »Na los, Sergeant! Ran an den Speck … an den Geruchsspeck, meine ich!« Apropos! Für viele sei *ich* scheinbar unterwegs ein kleiner Geruchs-Imbiss, sagte Mami. So eine Art Gehweg-Praline to go … Stimmt schon, mich können auffallend viele gut riechen, aber Möpse rochen ja auch nicht nach Hund. Ich zum Beispiel röche nach

Popcorn, behauptete Mami. Und wenn die Butter einen kleinen Stich hätte, sei es Zeit, das Popcorn mal wieder kurz zu kärchern. Haha.

Heute sagte sie allerdings nur noch: »DHH, kleiner Soldat!« Das sollte wohl so viel bedeuten wie: »Die Hacke, das Hinterbein, die Haxe, der Huf … hoch!« Und meinte: »Etwas mehr Beeilung beim Strullen, bitte!!!« Manchmal intonierte sie neuerdings aber nur noch genervt: »Eins – zwei – drei!!!«, und rupfte mich da dann an der Leine weg. Ich wartete aber trotzdem generell bis dreieinhalb! Gestern sagte sie dann peinlicherweise: »Stripp – strapp – strull!!!« Hoffentlich sah uns so keiner, den wir kannten: Stripp, strapp, strull?! Ging ja mal wieder gar nicht!

Ansonsten nannte Mama mich nur noch ›Silberrücken‹, wenn ich bockig im Cape war. Oder ihr ›speckiges Schnitzel in Alufolie‹ – meine Güte, man wird sich hier doch wohl mal anständig panieren dürfen, ohne dass dann hinterher wieder das Geläster losging!

Cape hin, Cape her, ich brach alle paar Meter programmgemäß zusammen und trug erst mal nach altbewährter Methode Schnee auf. Neulich stürzte ich mich todernst in den Harsch, knallte dann mit der Nase voll drauf und kippte vor Schreck viel zu früh um. Mama stand am Wiesenrand und rief panisch: »Mayday! Mayday! Sie kommt viel zu steil rein!« Die Nachbarin, eine Medizinerin, stand daneben und sagte kritisch: »Ein klassischer Fall von Epigenetik! Jetzt wissen wir Bescheid, warum er so aussieht …«

Wenn ich dürfte, wie ich wollte, würde ich 47 Stopps auf einem einzigen Gassi feiern! Mama hatte neulich mal mitgezählt, was ich alles würde, wenn ich alles könnte! Schnell gegangen wäre der Weg ja in 25 Minuten, wir brauchten immer knapp eine Stunde. Mama verlor dann irgendwann auf dem Rückweg regelmäßig die Nerven und fauchte mich an: »Wir machen hier übrigens keine Butterfahrt, ja!« Tja, ich bin vielleicht kein Butterfahrtler, aber ich bin auf jeden Fall ein Schnund, meint: schnüffelnder Hund. Meinetwegen auch ein ein Schnöter: schnüffelnder Köter. Oder eine Schnöle: schnüffelnde Töle.

Mami behauptete immer, alle anderen Hunde gingen am Pfeiler vorbei, höben kurz die Nase und sagten sich: »Hmpf, stinkt …!« Und dann käme ich. Ich ginge ebenfalls hin, röche, und dächte auch: »Hmpf, stinkt …!« Aber dann dächte ich weiter: »Nach was stinkt das eigentlich so hier?! Ist ja eine *ganz* interessante Mischung! Das krieg ich aber raus!«

Das Ganze dann noch mit ›Helionismus‹. Mama hatte das Gefühl, als zöge sie mit mir einen seitlich ausbrechenden Heliumballon mit Bremsschirm hinter sich her. Und der war voll in eine entgegenkommende Luftschleuse geraten. Der Ballon wechselte auch noch von Zeit zu Zeit immer mal wieder die Richtung hinter ihrem Rücken und fühlte sich schließlich an wie ein nasser Sack Kartoffeln, der durch feuchten Beton gezerrt wurde …

Mami erzählte neulich auf der Wiese, dass sie eigentlich vorgehabt hatte, mich ›Gandhi‹ zu nennen. Aber da hätte es kritische Gegenstimmen gegeben. So von wegen: »Bei

›Gandhi‹ denkt man eher spontan an was Dünnes, Weißes. Und nicht an etwas Dickes, Schwarzes.« Und: »Ich sehe es schon vor mir, wie er aus dem Gebüsch kommt, wenn du dein klirrendes ›Gaaaandhiiiiiii!‹ getrillert hast: voller Kuhfladen und stinkend wie die Hölle!« Da dachte Mami sich: Ja, ist sicherlich 'ne super Idee! Ich stehe im Regen vor irgendeinem Gebüsch, brülle mir die Lunge aus dem Hals und rufe schließlich: »Gandhi, du verflohter Zeckenteppich, komm endlich aus dem vollgepissten Gehölz raus, sonst mach ich ›Schmorbraten à la Buddha‹ aus dir!!!« Ganz großes Gelächter. Das Buch hier hätte dann wohl geheißen: »Gandhi auf großer (Butter-) Fahrt« …

Da wusste Elli dann auch noch eine Story zu, denn ihre »Hexi« sollte eigentlich zuerst »Fixi« heißen. Mama sagte kalauernd: »Auweia. Paxi und Fixi …« »Yepp«, sagte Elli mit schmalen Lippen »Darum heißt sie jetzt ja auch Hexi …«

Neulich aber spielten wir eine Runde Wiesenschach. Ich war am Zug und gab mit einem gekonnten Pferdchensprung schnell das Türmchen. Vorschriftsmäßig zuerst schräg, dann gerade ziehend, zog ich – und zwar ab wie der Blitz und fix voll durch die Mitte! Das Protokoll vermerkte an dieser Stelle: Matt der Dame. Die mit der leeren Leine in der Hand und dem offenen Mund …

Wenn ich zu faul war, mich mal im Fahrstuhl für ein Leckerli hinzulegen und mein schickes Cape schmutzig zu machen, täuschte ich dieser Tage das Liegen immer nur schwach an. Ich meine, es könnte ja nun immerhin auch sein, dass es *doch* mal so reichte. Nicht, dass es nicht viel unanstrengender gewesen wäre, mich gleich mal entspannt flach zu machen und das Leckerli zu fressen. Aber darum ging es hier ja gar nicht immer. Mama sagte: »Keks!« Ich ging in die Knie. Mama sagte streng: »Ganzer Keks!!« Ich ging noch weiter in die Knie und fing bereits an zu zittern. Mama fauchte: »Flachgefahrener Keks auf der B34!!« Pardauz. Endlich hatte die Plauze dann Bodenkontakt, wir passierten schon den dritten Stock. Es blieb immer ein Stück harte Arbeit, wenn man seinen Menschen erzog! Neulich kamen wir gerade im Vierten an und ich zitterte, wie mit Epilepsie, Hauptsache ich lag nicht! Doch dann hatte ich ausgespielt: Sie steckte das Leckerli wieder ein und guckte mich nicht mehr an. Das war dann leicht verdientes Geld – dumm verspielt!

Schnitzel on Tour

Miezivitäten

Wenn Mami nach den Fernbedienungen fahndete, sagte sie immer leicht genervt: »Ja, dann durchsuche ich doch mal die Perserkatze, das fette Teil – da findet man dann ja immer nebenbei so die eine oder andere technische Spielerei im Bauchspeck verwickelt: Handy, Fernbedienung, Walkman, Taschenrechner … Warum eigentlich?! Ist das so eine Art Naturgesetz, oder was?« Merlin schwieg jedoch stets darüber, ließ sich durchsuchen – und grinste dabei recht breit. Manchmal sagte er dann froh: »Gurrrrr …!« Und Mami ächzte angestrengt in ihm herumwühlend: »Merlin, du bist ein Dieb – und eine echte Gurrrrrke!«

Merlin sollte neulich zum Tierarzt und die Hatz ging über drei Runden, ohne dass ein Ende abzusehen war. Erst als dann der Rückweg aus der Tür abgeschnitten war, hatte sie den Dicken endlich erwischt. Doch surprise: auch der Perser konnte den Boxen-Flip tanzen! Er klammerte wie viermal angetackert ächzend kopfüber in der Öffnung und nichts ging mehr! Als sie ihn dann *endlich* in der Kiste hatte, musste sie richtiggehend nachstopfen, denn er hatte sich auch noch irgendwie quer gestellt. Nach viel Gefauche, Gestopfe und Gekämpfe war dann im vierten Anlauf die Klappe endlich zu und zwei graue Ärmchen fuchtelten wütend durch die Gitterstäbe. Aber schon nahte die nächste Überraschung: Die Box ging nicht mehr vom Boden hoch! Mama war echt verzweifelt, es war, als wäre sie festgeklebt. Weil das aber ja nun nicht sein *konnte*, musste sie also untersucht und dazu wieder aufgemacht werden. Woraufhin der Dicke sofort wie ein laut ärgerlich mauzender Korken aus der Flasche flog und verschwand. Es zeigt sich: Calimero war, rein prophylaktisch und nur vorsichtshalber zur Teamstärkung, mal mit in die Box eingestiegen. Ich klebte eingepfercht und vollgefusselt wortlos hinten drin und schaute unbeteiligt: Iss was? »Das darf echt nicht wahr sein hier!«, ächzte Mami und pulte mich gegen Widerstand da raus. Dann wieder die Katze suchen, die Katze blocken, die Katze aushaken, die Katze reinstopfen … Mami war schon fix und fertig, bevor noch überhaupt das übliche Geschrei im Fahrstuhl anfing.

Als er wiederkam, trug er ein markantes »Schering« auf dem rechten Ärmchen und war schwer genervt. Und Mami erst! Hingebracht hatte sie ihn, weil er zweimal beim Fressen so komisch maunzte und dann verschwand. Die Untersuchung hatte ergeben, ihm sei übel – und zwar wahrscheinlich weil er einen viel zu hohen Blutdruck, ein komisches Geräusch auf der rechten Herzklappe und ziemlich sicher auch eine Schilddrüsenüberfunktion habe, die all das erzeugte. Mami war baff: So eine tolle Ärztin, dass sie das bemerkte!

Das Labor gab der Dottorina uneingeschränkt recht und Merlin bekam Tabletten. Die waren winzig und hatten einen angeblich leckeren Überzug. Mami ahnte schon, was wieder passieren würde: das, was immer bei angeblich so leckeren Tabletten passierte. Merlin war nämlich ein diplomierter Tabletten-Spucker. Und so war es auch diesmal. Also musste ein Plan her und der hieß »Leberwurm«. Ab sofort gab es ein sofort innigst geliebtes Ritual vor dem Abendessen, denn jeder von uns bekam eine Fingerspitze voll Leberwurst (genannt »Leberwurm«) zum Abschlecken. Merlin ist ja ein Gierlappen und zog sich den Klacks immer auf einmal rein, was dazu führte, dass er zumeist die Tablette auch mit runterschluckte. Mami musste trotzdem immer noch mal Kontrolle gehen, manchmal hatte er zwar ewig drauf rumgelutscht und sie jedoch als Tabletten-Spucker wieder recycelt. Ich dagegen war so verrückt auf meinen Lebenwurm, dass ich ihn mit breiter Zunge genüsslich ableckte und nie auf die Idee kam, den ganzen Klacks auf einmal zu verschlucken. Dazu musste ich dringend pföteln – einfach weil es *so* spannend war! Und danach saß ich noch mindestens eine Minute lang dreipfotig auf einer Pobacke und schmatzte verzückt lächelnd, mit zumeist geschlossenen Augen, nach. Ich liebte meinen Leberwurm über alles!

Mami belauschte Merlins Herzschlag und schon schnell war der wesentlich ruhiger geworden, sogar das komische Herzklappengeräusch, das sie auch hatte hören können, war nicht mehr ausmachbar. Es war, wie die Dottorina prophezeit hatte: Wenn die Störung noch nicht so lange lief, konnte sich das System auch wieder erholen. Auffallend war, dass die Schwanzspitze, die immer in Bewegung gewesen war, sich plötzlich ganz ruhig verhielt. Das führte dazu, dass Mami sich nun ständig draufsetzte, weil Merlin seine »Arschkrawatte« jetzt überall schlapp und endlos lang herumliegen ließ. Mami sagte streng: »Hör zu, Dicker, das Ding war immer in Bewegung und ist daher super muskulös und durchtrainiert! Du kannst jetzt nicht plötzlich aufhören mit dem Schwanz-spitzen-Building! Du musst wie ein Sportler runtertrainieren – sonst wird die Schwanzspitze dick, weil sich all ihre Muskeln in Fett umbauen!« Merlin guckte sie glasig an und ich hatte den Eindruck, er verstand kein Wort von all dem. Mami nahm also die Schwanzspitze und trainierte mit ihm: »Uuuund eins! Uuuund zwei! Uuuund drei! Das sind Tail-Tip-Ups, Merlin, sozusagen Schwanzspitzen-Sit-Ups für die Arschkrawatte! Uuund vier! Einer geht noch, komm, uuund …!« Merlin guckte weg und tat so, als ginge ihn das alles überhaupt nichts an.

Dabei war er ansonsten die quasseligste Katze der Welt. Sobald er und Mami zusammen in der Küche waren, fing er nämlich an zu sabbeln. Und Mami antwortete dann auch immer: »Ach, tatsächlich! In China essen Katzen drei Mahlzeiten täglich?!« *Miaaoouuuhhh!!* »Isses wahr, sogar bis zu fünf …?« *Miaaoouuuhhh!!* »Und das weißt du so genau, weil …?« *Miaaoouuuhhh!!* »Ach, du hast einen Pi-Mail-Freund aus China …« *Miaaoouuuhhh!!* »Verstehe: Miau-Ping. Aus Mauping.« *Miaaoouuuhhh!!* »Äh, Peking!« *Miaaoouuuhhh!!* »Ach, schon Fisch zum Frühstück, interessant …« *Miaaoouuuhhh!!* »Gedünstet oder leicht in Ghee angebraten …! Vielleicht noch etwas Reis dazu?« *Miaaoouuuhhh!!* »Nicht. Warmes Getreidemus mit Butter, verstehe.« *Miaaoouuuhhh!!* »Und Geflügel zum Lunch, ja, iss klar … Aber dann mit Reis?« *Miaaoouuuhhh!!* »Ach, entzückend! Mit den Sieben Kostbarkeiten, natürlich, da hätte ich aber nun auch selber drauf kommen können! Ich vermute mal, aus dem Wok?« *Miaaoouuuhhh!!* »Aus dem Wok. Aber durchgedünstet … Auch eher etwas kaufaul, dein Kumpel, kann das sein?« *Miaaoouuuhhh!!* »Verstehe, Unterbiss. Und abends gibt es tatsächlich noch eine Fleischplatte …? Ich vermute mal, Lamm und Rind …?« *Miaaoouuuhhh!!* »Ach, isses wahr, auch gerne Schwein …« *Miaaoouuuhhh!!* »Mit Weichreis, natürlich, geschält und mit Butterlöckchen. Ich sehe es quasi vor mir. Hat der Bauch von – äh – Miau-Ping noch eine Luftsäule zwischen sich und dem Boden?« *Miaaoouuuhhh!!* »Da bist du aber im Irrtum, mein Lieber! In Süßrahmbutter angebratene Filetspitzen vom Schwein haben *eine Menge* Fett!« *Miaaoouuuhhh!!* »Dass gebutterter Weichreis ein Fettburner ist, habe ich leider noch nie gehört!« *Miaaoouuuhhh!!* »Bei kastrierten Rassekatern immer, verstehe …« *Miaaoouuuhhh!!* »Ja, dass *der* ein exzellentes Kotvolumen zustande bringt, glaube ich dir sofort …! Aber *das* ist auch nicht dein vordergründigstes Problem, wenn ich da die ganzen Inter-Rails immer so sehe …« *Miaaoouuuhhh!!* »Ach, wirklich. Davon habe ich aber noch nichts bemerkt und – nein – es gibt *keine* Butterlöckchen auf die Brekkis!« *Miaaoouuuhhh!!* …

Mich wunderte das Gespräch dann aber dennoch ein bisschen. Denn Merlin war eigentlich bekannt für seine Leidenschaft das italienische Essen betreffend. Ein kleiner Salat, bestehend aus Gurke und Tomate mit etwas Öl, reichte ihm als Vorspeise vollkommen! Oder natürlich Tomaten mit Mozzarella. Man könnte ihn aber auch mit einer gemischten Rohkostplatte absolut glücklich machen: Zucchini, Aubergine, Paprika (am liebsten die spitzen, roten), Champignons. Das Ganze gerne auch mit groben Parmesanhobeln und etwas nativem Olivenöl. Bitte kein Essig, keine Kräuter und kein Pfeffer – er ist Purist und niest leicht.

Für einen Salat als Hauptgang werden dazu dann gekochtes Ei, geröstete Pinienkerne, Feta, Thunfisch, Oliven, Käsewürfel, Croûtons, gekochter Schinken und diese kleinen Cocktail-Maiskölbchen bevorzugt – oder Fischhäppchen, auch gerne geräuchert. Am liebsten hatte er aber: Melone, Schinken, Parmesan und Olivenöl. Gegen ein Carpaccio, Roastbeef oder Bündnerfleisch würde er niemals etwas sagen … Ich übrigens auch nicht, das nur nebenbei.

Als er damals zu Mami kam, dachte sie schon, seine Geschmacksnerven und seine Nase seien völliger Schrott, weil er wirklich einfach *alles* futterte. Mami hatte noch niemals eine Katze gekannt, die Oliven, rohe Paprika, Salatgurke, Tomaten und Honigmelone aß. Er forderte es regelrecht ein, setzte sich dicht neben das Schneidebrett, grinste breit und legte seine Pfote dann auf ihre Hand. Ohne den rausgeschnittenen Tomaten-Schnerps wurde er nicht glücklich. So ging das lange. Bis eines Tages dann mal der Dosenchampignon kam und Merlin etwas tat, was man vorher noch nie von ihm gesehen hatte: Er wendete sich ab und ging! Die Nase funktionierte also doch …

Wolfstag!

Merlin war ein richtig typischer Kater. Zum Beispiel liebte er es, »Kopfpulen extrem« zu spielen. Das musste eine Art Gesetz unter Katern sein, dass, wenn ein Hund in Sicht kam, sie einen langen Spaghetti-Arm machten und damit dann, scheinbar total gelangweilt und auch nur wie zufällig, auf der Schädelplatte vom ansässigen Hund herumpulten. Ich hatte es auf der Wiese jetzt schon so oft gehört! Oder auch einfach mal im Vorbeilaufen eine auf den Rücken draufklatschen, wie zufällig. Nur eben zufällig auch mit etwas Krallen dabei, so von wegen: »Ich könnte so was von, wenn ich wollte, aber heute will ich nicht, also mach hier mal das Bild frei!« Hunde ignorierten das in aller Regel und dachten sich nur: »Wenn's schee macht!« Aber Mama sagte immer streng, wenn Merlin an mir herumfingerte: »Hör auf, an meinem Hund rumzupulen, ja! Kauf dir selber einen!« Schien ja gar nicht mal so selten zu sein so was. Immerhin hatte der Hund »Horst« zu Weihnachten einen eigenen Hund »Uwe« aus dem Tierheim bekommen, sie hätten ihn sogar zusammen ausgesucht. Manche Menschen sind wohl auch »etwas Bluna«, nicht immer bloß wir Tiere …?!

Beim Fressen sind wir absolute Voll-Kumpels. Mami würde auch nichts anderes dulden und forderte von uns stets zu teilen und aufeinander Rücksicht zu nehmen. Es durfte weder gedrängelt noch abgerammt, blockiert, irgendwie ausgeteilt oder auch nur geknurrt werden. Wir lernten das wahnsinnig schnell: Wenn wir uns sauber benahmen und höflich blieben, gab es viele Leckereien! Keiner, der sich nicht auch eine solche Familie trainiert hatte, konnte sich vorstellen, wie Hund und Katze nacheinander an einem rohen Stück Fleisch nagten und dabei vollkommen gelassen blieben! Merlin und ich teilten uns neulich nämlich wieder mal eine rohe Rinderbeinscheibe zum Dinner! Mami hielt die immer beidhändig fest und hatte dabei dann ganz gut zu kämpfen. Die Katze war Chef, also durfte die Katze immer anfangen. Ich wusste ja, dass ich danach dran war, und saß ruhig daneben und schaute entweder zu, was sie sich da alles gierig abriss, oder blickte völlig unaufgeregt in die andere Richtung. Immer sobald einer von uns nicht mehr dran war, saß der dann jeweils ganz brav und fast uninteressiert daneben. Natürlich ließ er nicht freiwillig nach drei Happen den Brocken los und ließ dem anderen dann den Vortritt! Wir mussten schon dazu aufgefordert werden, wenn Mami sagte: »So, nun ist gut!« Wir schnappten nicht nach, knurrten nicht und ließen freiwillig los, alle beide.

Der am Drücker hatte dann allerdings jeweils den ganzen Kopf so voll mit dem tropfenden rohen Fleisch, so viel die Maulspalte eben gerade noch fassen konnte! Jedenfalls ohne den Unterkiefer, wie bei einer Eierschlange, aushaken zu müssen. Sah sicherlich nicht sehr schön aus und hörte sich sicherlich auch nicht sehr schön an: schmatzendes, sabberndes, manchmal knurrendes, fast lüsternes Kauen, dabei auch reißendes Mahlen, Zähneknirschen und wildes Zerren. Löwe und Wolf bei der Arbeit!

Ich konnte aber ja auch wie ein Stofftierchen essen, wenn ich musste! Ganz possierlich stülpte ich (ungefähr wie Kater Tom im Comic) fast die Zähne vor und knäufte dann ganz zart und mikroskopisch vorsichtig am jeweiligen Häppchen. Im anderen Extrem hatte ich eben dann den ganzen Kopf voll mit dem rohen, kalten, nassen Fleisch und fasste immer noch gierig schmatzend nach. Dabei warf ich vorne drei wahrhaft mächtige Falten und ging dabei, wie vom Kodex vorgeschrieben, in die Vorderkörpertiefstellung. Also ließ ich hinten den Po spitz raushängen, während ich vorne wild zerrte, schüttelte und riss. Aber das mit dem Beuteabreißen ging richtig gut und sah bestimmt wahnsinnig gefährlich und sehr männlich aus! Manchmal stemmte ich mich sogar noch mit der Pfote von Mamis Händen weg, damit ich noch mehr Reißkraft hatte!

Das hatte sich der Dicke dann aber leider wohl auch abgeguckt. Eines Tages benutzte er sein neu erworbenes Wissen, rammte seine Krallen in Mamis Hand und stemmte sich weg. Da war dann so spontan nicht mehr *ganz* so viel Spaß auf Mamis Seite! Da lief plötzlich noch weit mehr als der übliche Fleischsaft mit Sabber aufs Parkett runter … Merlin war sich keinerlei Schuld bewusst und versuchte es dann gleich noch mal. Ihm ging es einfach zu langsam, das Fleisch erst mühsam in die Backentasche einzuklemmen und dann mit den Backenzähnen abschneiden zu müssen. Reißen versuchte er sich auch abzugucken, aber mit dem kleinen Gartenzaun da vorne im Schnäuzchen konnte er das natürlich voll vergessen. Tja, wer sich mit den wilden Tieren anlegte und dann auch noch auf Handfütterung bestand: Selber Schuld!

Wir waren völlig erschossen